いちばんやさしい マーケティングの教本

人気講師が教える 顧客視点マーケの基本と実践

JN229163

インプレス

著者プロフィール

中野 崇

Zoku Zoku Consulting代表　ビジネスプロデューサー

（株）良品計画で店舗マネジメントや外商を経験したのち、マーケティングリサーチ企業へ転職。海外事業、統合マーケティング部門の立ち上げなどに参画し、現在は従業員数200名を超えるデータマーケティング支援企業の代表取締役社長を務める。社長業と並行し、BtoBやスタートアップ企業に対して事業戦略・マーケティング戦略・戦略を実行できる組織改革の統合的コンサルティングを行っている。

●購入者限定特典　電子版の無料ダウンロード

本書の全文の電子版（PDF ファイル）を以下の URL から無料でダウンロードいただけます。

ダウンロード URL：**https://book.impress.co.jp/books/1118101078**

※ 画面の指示に従って操作してください。
※ ダウンロードには、無料の読者会員システム「CLUB Impress」への登録が必要となります。
※ 本特典の利用は、書籍をご購入いただいた方に限ります。

本書の内容は、2019年7月時点の情報にもとづいています。
本文内の製品名およびサービス名は、一般に各開発メーカーおよびサービス提供元の登録商標または商標です。
なお、本文中にはTMおよび®マークは明記していません。

はじめに

いちばんやさしいマーケティングの教本。

本書はタイトルどおり、「マーケティングをはじめて学ぶ人」や「マーケティングを学んだことがない中小企業の経営者」に向けて書いた、マーケティングの入門書です。マーケティングは概念が広く抽象的で、人によって言葉の定義や解釈が違っています。さらに新しい言葉やテクノロジーが次々と登場するため、キャッチアップがとても大変です。また世の中にあるすぐれたマーケティング関連の書籍は、一定のマーケティング知識を持っている読者向けになっていることが多く、実はほとんどが応用編です。いまさら「マーケティングとは何か？」「ニーズやベネフィットとは？」「マーケティングと広報の違いは？」という基本中の基本は教えてくれません。基本がないまま応用編を読んでしまうと、その価値を正しく理解できないだけでなく、「事例を鵜呑みにする」「システムやツールの導入が目的になる」という、自社に適さないマーケティング施策を進めてしまいます。つまり、マーケティングがビジネスの成果につながりません。

私のキャリアは販売からスタートしていますが、営業、リサーチ、マーケティング、PR、新規事業開発、事業戦略立案と広がり、現在はそれらの知見を統合的に活用して経営にあたっています。振り返ってみると、マーケティングを正しく理解するための経験を一通りさせてもらったように思います。いまふうの言葉を使うなら「統合型マーケティング」の知見を積み重ねて来た、といえるかもしれません。しかし多くの手間と時間を費やしましたし、もっと上手に学べたとも思っています。したがって本書では、これからマーケティングを学ぶ皆さんが、「マーケティングの基本中の基本を、網羅的に、効率的に、わかりやすく学べること」を意識して書きました。本書がマーケティングを学ぶ入り口となり、多くの方がマーケティングを実践していくきっかけになればうれしく思います。

2019年7月　中野崇

いちばんやさしい
マーケティングの教本
人気講師が教える
顧客視点マーケの基本と実践

Contents
目次

Chapter 1 マーケティングの基本を理解しよう
page **11**

Chapter 2 顧客ニーズをとらえよう

page **23**

Chapter 4 マーケティングミックスを策定する

page 85

Chapter **7** | **PR活動の基本を知ろう** | page **173**

Chapter **8**　BtoBマーケティングの実践　page **189**

Chapter

1

マーケティングの基本を理解しよう

マーケティングに興味を持っていただきありがとうございます！第1章では、「マーケティングとは何か」ということを、できるだけわかりやすくお伝えしたいと思います。

Lesson 01

［身近にあるマーケティング］

世の中はマーケティングでできている

このレッスンの
ポイント

「世の中はマーケティングでできている」と聞いて、ピンとくる人もいれば、ちょっとよくわからない……と感じる人もいるでしょう。本格的なレッスンに入る前に、身近な例からマーケティングを考えてみたいと思います。

◯ 身近にあるマーケティング

マーケティングは、私たちの生活と密接に関わっています。あなたが普段、テレビCMを見て「iPhoneの新作が発売されたのだな」と知ったり、SNSで話題の映画が紹介されていて「今週末に観に行ってみようかな」と思ったり、ユニクロや家電量販店で「買おうと思っていなかった商品を思わず買ってしまった……」といった経験があると思います。このように新しい商品やサービスの登場を知ること、興味を持つこと、そして思わず買ってしまったことなど、私たちの購買行動の裏側には必ずマーケティングが存在しているのです（図表01-1）。

▶ 行動の裏側にあるマーケティング 図表01-1

●●駅って古臭いイメージだったけど、久しぶりに来たらすごくお洒落。

カーディガンを買いに来たのに、ダウンジャケットも買っちゃった。

CMでやってたiPhoneの最新作がすごいらしいから興味あるな。

SNSで▲▲さんがオススメしてた化粧品が効果ありそう！

私たちの行動の裏側には、多くの場合マーケティング施策が影響を与えている

● 世の中の価値観やニーズをとらえる

コンビニを例に、もう少し具体的に見てみましょう。一昔前まではコンビニが扱っている商品は、インスタント食品やスナック菓子、雑誌といった「すぐに食べられる・すぐに使える」という若者向けで便利なものが重視されていました。それがいまでは、ATMや公共料金の支払い、栄養バランスに配慮されたお惣菜やお弁当、ビジネスパーソン向けのコンビニカフェや一息つける飲食スペースなど、さまざまな商品やサービスが提供され、老若男女問わず多くの人々がコンビニを利用しています。

コンビニは、「忙しくても健康には気を配りたい」「手軽に美味しいものを食べたい」という世の中の価値観やニーズをとらえて、提供する商品やサービスを変化させています。この変化を生み出しているのがマーケティングです。

価値観とは「人々の考えや嗜好」であり、ニーズは「人々が充足したいと感じている気持ち」です。世の中の価値観やニーズをとらえることが、マーケティングの入り口です。

● 市場を生み出すマーケティング

価値観やニーズをとらえて、それを新しい商品やサービス（以降、「商品」として表記）にすれば売れるというわけではありません。ニーズを抱えている人に、その商品を知ってもらう必要があります。

そこで企業は、つくった商品を人々に届けるために、さまざまなコミュニケーション活動（広告やSNSなど）や店舗展開を行います。

たとえばハロウィンの時期になると、世の中がオレンジと紫で染まります。日本記念日協会によれば、2018年のハロウィンが生み出すビジネスの推計市場規模は約1,240億円で、2012年の約805億円から1.5倍になったそうです。「欧米のようにハロウィンを楽しみたい」というニーズをとらえて、多くの企業がハロウィン関連商品を開発し、積極的なコミュニケーション活動を行った結果が、ハロウィン市場の大幅な成長を実現しました。このように、マーケティングが成功すれば新しい市場をつくり出すことができます。

マーケティングの最終的な目的は、「需要創造と市場創造」であるともいえますね。

> 市場とは、「ある商品の需要と共有がマッチングされている場所や状況」という意味です。

02

[マーケティングの定義]

マーケティングは
総合的な活動

**このレッスンの
ポイント**

大雑把にマーケティングとは何かがつかめてきたと思います
が、その意味する内容がかなり広いのも事実です。マー
ケティングをより深く理解するために、企業活動に置きか
えながら具体的なイメージをつかみましょう。

● マーケティングの定義

レッスン1の内容をまとめると、マーケティングとは「世の中の価値観やニーズをとらえ、売れる商品と売れる仕組みをつくること」です（図表02-2）。「世の中の価値観やニーズ」とは「顧客ニーズを理解すること」と言い換えられます。

図表02-1 のように、これまでマーケティングはさまざまな言葉で語られてきました。たとえばマーケティングの第一人者であるフィリップ・コトラーは、「マーケティングとは、標的市場を選択し、優れた価値の創造、伝達、提供を通じて、顧客を獲得、維持、育成する技術である」といっています。また、マネジメントの生みの親であるピーター・ドラッカーは、「マーケティングの目的は販売を不要にすることだ」とも語っています。いずれも商品やサービスが自ずと売れる仕組みをつくるということですね。

本項の冒頭で述べたマーケティングの定義は、先人の定義をよりシンプルに言い換えたものと考えてください。

▶ **代表的なマーケティングの定義** 図表02-1

・**フィリップ・コトラー**
　「マーケティングとは、標的市場を選択し、優れた価値の創造、伝達、提供を通じて、顧客を獲得、維持、育成する技術である」
　（『コトラーのマーケティング・コンセプト』（東洋経済新報社）より要約）
・**ピーター・ドラッカー**
　「マーケティングの目的は販売を不要にすることだ」
　（『マネジメント［エッセンシャル版］』（ダイヤモンド社）より要約）

▶ **本書におけるマーケティングの定義** 図表02-2

世の中の価値観やニーズをとらえ、売れる商品と売れる仕組みをつくること

⬤ マーケティングは総合的な企業活動

図表02-1 や 図表02-2 の定義からわかるように、マーケティングは非常に広い概念です。より具体的にイメージできるように、企業活動の一部である商品開発を例に見ていきましょう。

商品開発の大前提は、つくった商品が売れることです。売れるためには、企画段階でその商品を欲しがっている人がどれくらいいるのかをリサーチする必要があります。そしてリサーチの結果、一定のニーズがあることがわかったならば、類似商品をさらにリサーチして、顧客が満足や不満足を感じている点を明らかにします。すると、自社商品の強みなどが明確になり、「売れる商品」の設計図ができあがっていきます。

こうして商品を開発したら、次はどうやって買ってもらうか考えます。小売店で販売するにしても、ただ陳列すればよいというわけではありません。商品が魅力的に見えるよう陳列を工夫したり、店頭でキャンペーンを行ったりすることもあるでしょう。それ以外にも、SNSで告知したり、テレビやWebで広告を流したりと、多くの人に商品の魅力が伝わるよう、さまざまなコミュニケーション活動を行います。

この、リサーチや商品の企画や開発、店舗や広告を活用したコミュニケーションなどを総合した活動が「マーケティング」です（図表02-3）。

▶ マーケティングは総合的な活動 図表02-3

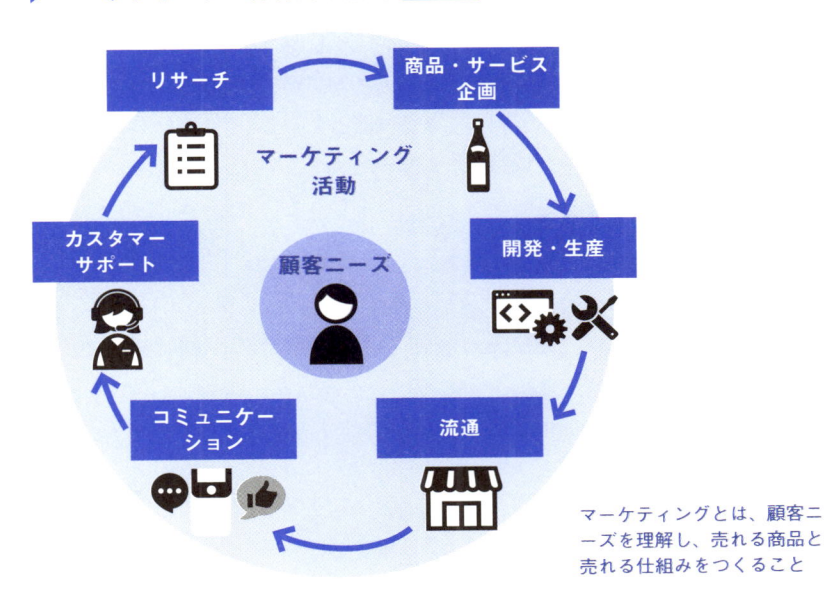

マーケティングとは、顧客ニーズを理解し、売れる商品と売れる仕組みをつくること

Lesson 03 ［マーケティング思考］
マーケティングを学ぶメリット

このレッスンの
ポイント

マーケティングの知識や考え方は、経営者、営業担当、人事担当など、すべてのビジネスパーソンに必要な考え方です。このレッスンでは、「マーケティング思考」がビジネスにおいてどのように役立つかを考えていきます。

◯ 顧客を「自分が向き合うべき相手」と考える

マーケティングは「顧客ニーズを理解し、売れる商品と売れる仕組みをつくること」だとお伝えしました。もう少し丁寧に説明しましょう。マーケティング活動を分解すると、顧客を理解し、提供する価値を考え、価値を具現化し、具現化した価値を顧客に届け、効果を測定する、という作業になります（図表03-1）。

顧客という言葉を聞くと多くの方は、「自社の商品をすでに購入している人（既存顧客）や今後購入の見込みがある人（見込み顧客）」というように、購入する人を前提に考えるかもしれません。そこでこの顧客の定義を、購入する人ではなく、「自分が向き合うべき相手」という風に少し拡大して考えてみてください。そうすると、実はマーケティングの知識や考え方がすべてのビジネスシーンで活用できる武器となることがわかります。

▶ マーケティング思考の基本ステップ 図表03-1

STEP1 顧客ニーズを理解する	STEP2 提供価値を考える	STEP3 価値を具現化する	STEP4 価値を届ける	STEP5 効果を測定する

相手を理解し、相手に響く価値を届ける活動は、すべてのビジネスに通底する思考プロセスである

すべてのビジネスパーソンに必要なマーケティング思考

たとえば採用担当者の顧客は誰でしょうか？ それは「求職者」です。採用担当者の仕事は、新卒・中途問わず顧客である求職者のニーズを理解し、「自社」という商品の魅力を伝え、説明会や面接に参加してもらい、最終的には自社へ入社してもらうことです（図表03-2）。

それではシステム開発担当者の顧客は誰でしょうか？ それはシステムを使うユーザーですね。ユーザーが社員であれば社員が顧客となり、ユーザーがお金をいた

だくお客様ならば、お客様が顧客です。いずれにしても、顧客ニーズを満たしている機能を搭載した、使いやすく、安定的に稼働するシステム開発が求められます。

図表03-3 のように、自分が向き合うべき相手（顧客）のニーズを理解し、提供価値を考えて、魅力的に届けていく方法を考えることを「マーケティング思考」といいます。

▶ 採用部門におけるマーケティング思考 図表03-2

① 顧客ニーズを理解する	② 提供価値を考える	③ 価値を具現化	④ 価値を届ける	⑤ 効果測定
学生や求職者が会社選びで重視する点、および自社に興味がありそうな大学やゼミを調査して理解する	入社してほしい学生にどんな魅力を伝えるか検討する（社風、ユニークな制度、福利厚生など）	もし必要な魅力が不足しているならば、その魅力を具現化できるよう働きかける	自社の魅力を紹介する方法を検討する（インターン、説明会、SNS投稿、動画など）	エントリー数、面談参加者数、内定承諾者数などを測定する

▶ マーケティング思考の例 図表03-3

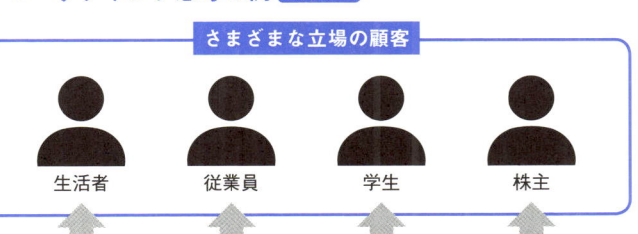

さまざまな立場の顧客

生活者 　従業員 　学生 　株主

顧客の声を起点に提供価値を考える

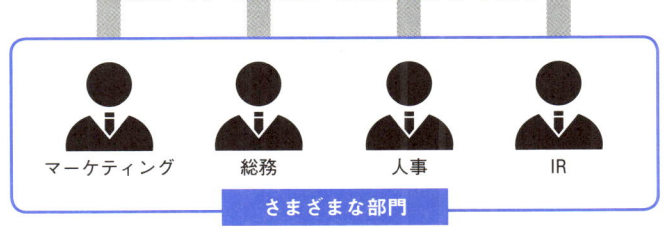

マーケティング 　総務 　人事 　IR

さまざまな部門

自分が向き合う相手に対して、何を価値として提供するかを考えることがマーケティング思考

［マーケティングの考え方の変遷］

04 顧客志向から社会志向へ

このレッスンの
ポイント

マーケティングの考え方は時代とともに変遷してきました。マーケティングの定義の移り変わりを知ることで、なぜ顧客理解が重要になっているのか、これからの時代に必要な考え方は何かを理解できます。

◯ 「生産志向」の時代

マーケティングという観点で歴史をひもとくと 図表04-1 のようになります。

イギリスで起こった産業革命から時を経て、19世紀後半になるとアメリカやフランス、ドイツといった国々でも技術革新が進み、消費財が大量生産される時代になりました。当時は顧客ニーズが多様化しておらず、特定の商品に需要が集中するため、「需要＞供給」という状況が続きます。「モノをつくれば売れる」時代です。

日本でも戦後になり、白黒テレビ・洗濯機・冷蔵庫が「三種の神器」と呼ばれ大きな需要が発生しました。

このように、特定の商品にニーズが集中しているときは、その商品を大量に生産できる仕組みづくりが重要であり、この仕組みをいち早く構築できた企業が競争で勝ち抜いていきます。いわゆる「生産志向」の時代です。

▶ マーケティング「志向」の遷移 図表04-1

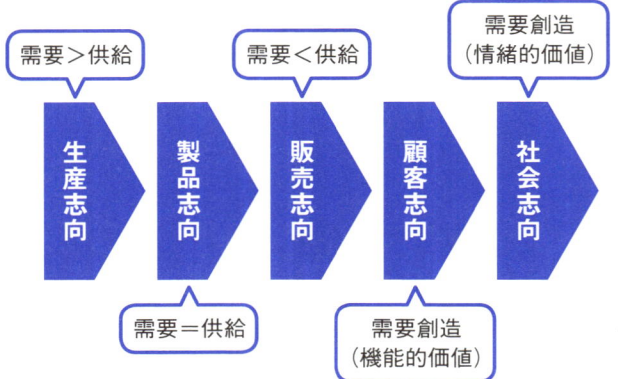

同一商品を大量に生産すれば売れた生産志向の時代から、製品志向、顧客志向を経て、顧客の精神的需要まで満たしていることが選ばれる理由になる社会志向の時代へと変遷

● 「製品志向」から「販売志向」へ

時代が進むと、多くの企業が大量生産できるようになり、類似品が数多く登場します。「需要＝供給」という状況です。すると顧客は製品を比較検討して選ぶようになるため、企業側はより高性能・高機能・高品質な製品が必要だと考えはじめます。このような考え方を「製品志向」（プロダクトアウト）といいます。日本の製造業にいまでも根づく「よいモノをつくれば売れる」という考え方ですね。

こうして多くの企業が高品質なモノを大量生産し続けると、次第にすべての顧客に高品質な製品が行き渡り「需要＜供給」という状況になります。しかし「より高性能・高機能・高品質」は時として高価格につながり、必ずしも顧客ニーズと一致しません。その結果、売れ残りが発生し、企業は「モノをどうやって売るか」を考えることに力を入れはじめます。これが「販売志向」です。

● 「顧客志向」から「社会志向」へ

販売志向は在庫をさばくことが目的となるため、企業の都合が優先されてしまい、購入後の顧客の満足度が下がるケースが増えます。すると顧客は次の購入に慎重になり、ますますモノが売れなくなります。そこで登場するのが「顧客志向」です。これは顧客が求めるモノを提供していこうという考え方であり、「マーケット志向」や「マーケットイン」とも呼ばれます。顧客志向は、マーケティングの基本的な考え方として現在でも多くの企業が採用しており、「マーケティングの入り口は顧客ニーズの理解である」という本書の考

え方にもつながっています。

多様なニーズをも満たす商品が開発される現代において、顧客は商品の機能性や品質だけでは満足できなくなっています。商品開発の背景やつくり手の想いに共感できるか、購入や所有が自己表現や自己実現に結びつくか、その商品が社会に貢献しているか、などを重視するようになってきています。このような顧客の精神的充足を満たすことまでを考えたマーケティングを「社会志向」（価値主導マーケティング）といいます。

需要と供給の関係によって、マーケティングで重視すべきポイントは変わります。

Lesson 05

[マーケティング戦略]

マーケティングを実践する4つのステップ

このレッスンのポイント

いざ実際にマーケティングをはじめようと思ったとき、どのような手順で進めればよいのでしょうか。このレッスンでは、マーケティングを実践するための戦略の立て方を4つのステップに分解して解説します。

⬤ 企画〜商品開発までのステップ

マーケティングの定義や歴史を知ることや、マーケティングとは何かを理解することが、「＝マーケティングを実践できる」ではありません。「マーケティングを実践していくこと」とは売れる商品と売れる仕組みをつくっていくことであり、その実現のためにはマーケティング戦略が必要です。マーケティング戦略とは売れる商品と売れる仕組みづくりを実現するための準備や計画であり、次の4つのステップで考えていくとスムーズです（図表05-1）。

▶ **マーケティング戦略立案の4つのステップ** 図表05-1

STEP1 環境分析	STEP2 STPの策定	STEP3 マーケティングミックスの策定	STEP4 目標設定 効果測定
① 顧客と市場の理解 ② 競合の理解 ③ 自社の理解	① Segmentation（セグメンテーション） ② Targeting（ターゲティング） ③ Positioning（ポジショニング）	① Product（商品） ② Price（価格） ③ Place（流通） ④ Promotion（価値訴求）	① 目標設定 ② 効果測定の方法を考える

市場など事業環境の分析をして、STP策定、マーケティングミックスの策定などを通じてマーケティング戦略を立てる

◯ ステップ1〜2：環境分析とSTPの策定

最初に、マーケティングをする対象となる環境を分析します。環境分析というのはつまり顧客や市場、自社や競合を分析して、事業環境の理解を深めるということです。

次に行うのは「STP策定」です。詳細はレッスン16で解説しますが、STPという

フレームワークを活用してニーズの細分化とターゲットの選定、提供価値や差別化を明確にします。提供価値とは商品を通じて届けられる価値のことです。たとえばiPhoneなら「洗練されたデザインや所有する喜び」が価値にあたります。

◯ ステップ3：具体的施策の検討

次のステップは「マーケティングミックスの策定」です。商品、価格、流通、プロモーションの4つの視点（これを「4P」といいます）で、具体的なマーケティング施策を考えていきます。ニーズを満たしていても類似商品が多ければ自社商品を買ってもらえませんし、買ってもらえても利益が出なければ商品を提供し続け

られません。また、せっかく店舗に行っても商品が置かれていなければ顧客をガッカリさせてしまうし、そもそも商品の存在を知ってもらい、買いたいと思われなければ、商品が売れることはありません。どのような商品をどうやって届けるかを、4Pで総合的に考えていきます。

◯ ステップ4：目標設定と効果測定

最後は「目標設定と効果測定」です。ステップ3までに考えた戦略や施策によって達成すべき目標を定め、あわせて効果測定と検証方法を考えます。このステップを省いてしまうとPDCAが回らないため、

マーケティングが進化しません。適切な目標設定と効果測定をしっかりと実施しているかどうかが、企業の中長期的なマーケティング成果の明暗を分けていくのです。

> マーケティング戦略は『「誰に・何を・どうやって」提供するかを考える』とシンプルに理解しても大丈夫です。

ⓘ COLUMN

マーケティング戦略のステップと**RPDCA**の関係

ビジネスパーソンになじみがあるのはPDCAですが、マーケティングにおいてはその先頭にRをつけた「RPDCA」の考え方が必須です。

RPDCAとは、Research（市場や顧客、競合などの環境分析）からはじまり、Planning（STP策定、マーケティングミックス策定、目標と効果測定の方法を検討）、そしてDo（戦略および施策の実行）→Check（効果測定および検証）→Action（改善策の実行）というサイクルを回すことです。本書で解説するマーケティング戦略の4ステップは、Researchがステップ1の環境分析であり、ステップ2〜4はすべてPlanning段階となります。

商品開発、広告宣伝など具体的施策を実行するまえに、Planning段階で顧客は誰か、どんな商品をつくるのか、商品をどのように届けていくのか、効果測定の方法はどうするのかなどを、事前に考えておくことが大切です。

▶**マーケティングのRPDCAサイクル** 図表05-2

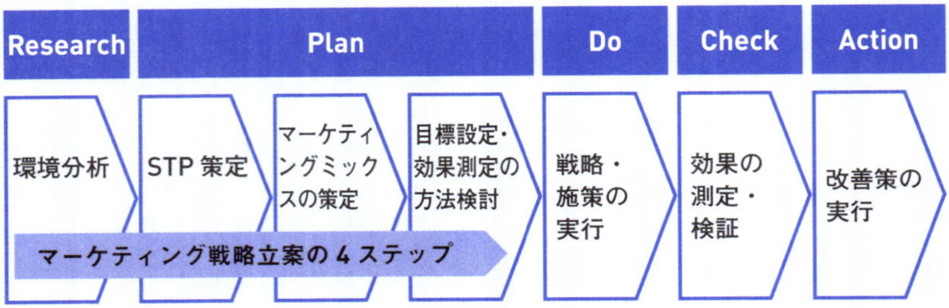

Research	Plan			Do	Check	Action
環境分析	STP策定	マーケティングミックスの策定	目標設定・効果測定の方法検討	戦略・施策の実行	効果の測定・検証	改善策の実行

マーケティング戦略立案の4ステップ

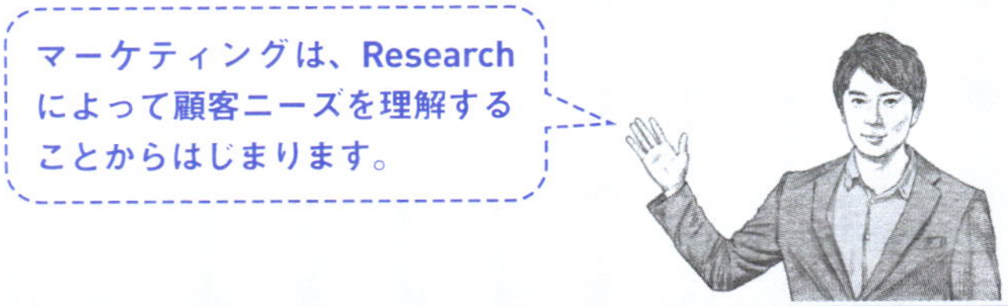

> マーケティングは、Researchによって顧客ニーズを理解することからはじまります。

Chapter

2

顧客ニーズを
とらえよう

マーケティングの入り口は
顧客ニーズの理解です。第
2章では顧客を理解し、ニ
ーズをとらえる方法を具体
的に説明していきます。

Lesson ［市場］
06 市場は「顧客の集合体」

このレッスンのポイント

マーケティングの入り口は「**顧客と市場を理解して、ニーズをとらえる**」ことです。顧客1人1人を理解することで、その集合体としての市場理解につながります。このレッスンでは「**顧客とは、市場とは何か**」を解説していきます。

⭕ 顧客と市場の関係

顧客は向き合うべき相手ですが、マーケターにとっての顧客は「商品を買ってもらう生活者」です。私たちも仕事を離れれば生活者ですが、「美味しいものを食べたい」「新しい家具が欲しい」「健康で若々しくいたい」「どこかでリフレッシュしたい」など、さまざまな欲求を抱えながら暮らしています。そして誰もが、これら欲求を満たすために商品を購入したり、どこかに出かけたりします。

マーケターはこうした欲求を見つけ、商品を顧客に届ける仕組みをつくることが仕事ですね。欲求は「需要」、商品は「供給」ですから、「需要と供給がマッチングしている場所や状況」が市場となります。**図表06-1** に示したように、市場は「いちば」や「しじょう」と読むことができます。例外はありますが、「いちば」は商品が実際に交換されている「場所」を指し、「しじょう」はマッチングや交換が発生している「概念的な状況」、と覚えるとわかりやすいと思います。マーケティングの文脈では、通常後者の意味でとらえます。

▶「市場」の意味 **図表06-1**

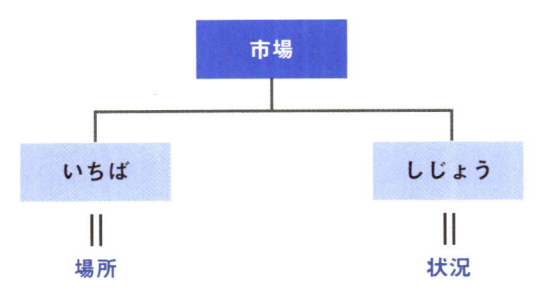

「いちば」は取引が行われている場所のことで、「しじょう」は取引（交換やマッチング）が行われている状況のこと

○ 市場はどこにあるのか

図表06-2 を参考にもう少し具体的に考えてみましょう。たとえば「海や川で遊ぶときに日焼けしたくない」という需要に対して、「日焼け止めクリーム」という商品が供給されていれば、そこには市場が存在しています。そして日焼けしたくないという需要が大きく、その需要を満たす供給も大きければ、市場規模は当然大きくなります。

このように、市場規模は需要の大きさが決めるのです。まずは顧客の需要（欲求）を理解して、供給状況、マッチングの発生率などを考えて市場を見出していきます。すでに数多くのマッチングが発生していれば既存市場、これからマッチングを発生させていく市場が新規市場です。

マーケティング戦略をシンプルにいうと、「誰に、何を、どうやって買ってもらうか」を考えることですが、まず考えるべきは「誰に買ってもらうか」です。世の中にはさまざまな需要があって、さまざまな市場が形成されているので、自社が勝てる市場を見つけられるかどうかがマーケターの腕の見せどころです。

なお「需要」と「欲求」は似たような言葉ですが、いずれも意味合いは「人々が充足したいと感じている気持ち」です。マーケティング文脈ではこの気持ちを「ニーズ」と呼びます。顧客と市場を理解してニーズをとらえるとは、人々が充足したいと感じている気持ちの塊を見つけることです。

▶ 市場の成り立ち 図表06-2

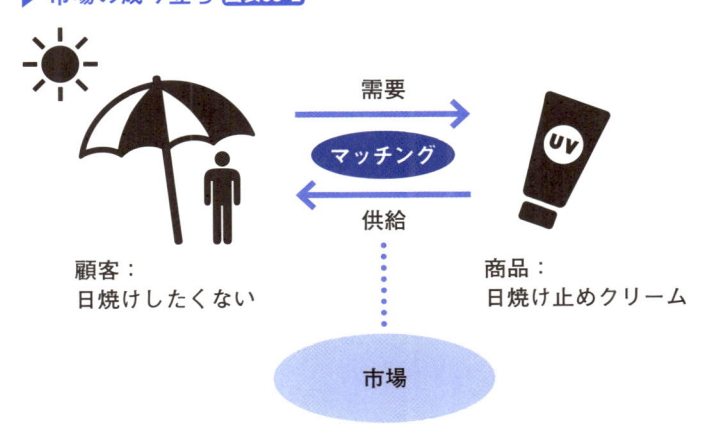

需要
マッチング
供給

顧客：
日焼けしたくない

商品：
日焼け止めクリーム

市場

たとえば「海や川で遊ぶときに日焼けを予防したい」という需要に対して、「日焼け止めクリーム」という商品が供給されていれば、そこには市場が存在している。マッチング数が多ければ多いほど、市場規模は大きくなる

Lesson 07 ［ニーズ］
ニーズは「新たな価値の源泉」

このレッスンの
ポイント

> 顧客ニーズは充足したいと感じている強さや認識度によって、顕在ニーズ、潜在ニーズ、インサイトに分けられます。顧客ニーズをとらえるとは、充足されていない強くて大きなニーズを、速く、正確にとらえるということです。

◯ ニーズにも種類がある

顧客のニーズを理解することが、市場を理解することの第一歩だと説明しました。そして顧客ニーズは強さや認識度によって 図表07-1 の3つに分類できます。1つめは「顕在ニーズ」といって、顧客が自分で言語化できている欲求のことです。2つめは、「潜在ニーズ」という顧客が自分で言語化できていないが、投げかけられると認識できる欲求です。そして最後の

1つは、少し名前が変わって「インサイト」です。これは顧客が言語化できておらず、はっきりと認識できないが、顧客の行動や意思決定に大きな影響を与えている根源的な欲求のことをいいます。ニーズは深くなるほど見つけるのが大変ですが、発見できれば大きなビジネスチャンスにつながっていきます。

▶ ニーズは3つの層でできている 図表07-1

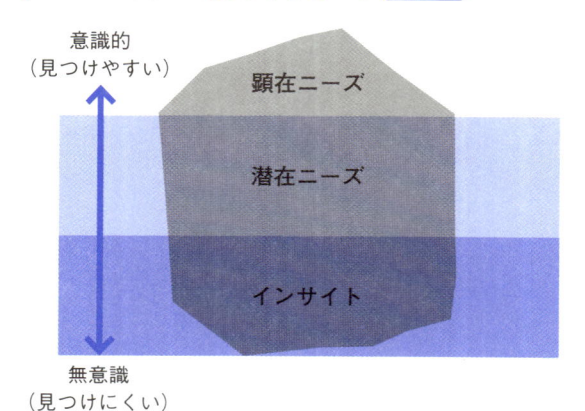

意識的
（見つけやすい）

顕在ニーズ

潜在ニーズ

インサイト

無意識
（見つけにくい）

ニーズは言語化できている顕在ニーズ、確認されると認識できる潜在ニーズ、無意識のインサイトの3つに分けられる

● 言語化された「顕在ニーズ」

最も見つけやすいのが顕在ニーズで、顧客が自分で言語化できている欲求です（図表07-2）。たとえば海や川に遊びに行くような炎天下での外出時は、性別や年齢を問わず多くの人が「日焼けしたくない」と考えるでしょう。その理由に「日焼けすると痛い（痛くなりたくない）」「シミになる（シミを作りたくない）」「肌が黒くなる（肌の色を変えたくない）」というように答えるはずです。ここに挙げた理由は、いずれにしても顧客が自分で欲求を言語化できていますよね。こうした欲求のことを顕在ニーズと呼びます。

● 言われて気づく「潜在ニーズ」

潜在ニーズは、顧客が自分で言語化できていないが、投げかけられると認識できる欲求です。先ほどの日焼けの例だと、顕在ニーズは「肌を焼きたくない」でした。しかしそれ以外にも、「日焼けによる一時的な肌色の変化は楽しみたいけれど、皮がボロボロと剥けて部屋が汚れるのは掃除が手間で嫌だ」と考える人がいるかもしれません。このニーズを仮説として顧客に投げかけたときに、「確かに部屋が汚れるのも嫌だな」と顧客が認識したならば、それは潜在ニーズです。

日焼け止め市場は、基本的に「肌を焼きたくないニーズ」を満たすための商品が多いですよね。そこで「日焼けを楽しめるけど部屋を汚さない」という潜在ニーズを見つければ、たとえば『日焼け後に塗ると皮がつながって綺麗に剥けるクリーム』のような新しい商品提案が考えられるかもしれません。

▶ **顕在ニーズと潜在ニーズ** 図表07-2

顕在ニーズ

日焼けしたくない

自ら言語化できている

潜在ニーズ

皮がむけて掃除が面倒

確かに……

いわれて気づく

ちなみに医学的には皮をむくこと自体が肌にはよくないようなので、この話はあくまで潜在ニーズの例として考えてください。

● 無意識の欲求「インサイト」

最後はインサイトです。インサイトは、「顧客が自分で言語化できておらず、投げかけられてもハッキリと認識できないが、顧客の行動や意思決定に大きな影響を与えている根源的な欲求」です。つまり、その人のニーズをWhy（なぜ？）でどんどん掘り下げていき、最も深いところにある欲求です。

インサイトという言葉を辞書で引いてみると「洞察」とあります。洞察とは表面的な事象から、その奥底にある物事の本質を見出すことです。したがってインサイトとは、「表面的な事象から、人の心と行動の本質を見出すことである」というのが私の解釈です。

たとえば日焼けの例ならば、顕在ニーズの場合は「シミになるから嫌だ→シミが

ある自分の顔は好きじゃない」というところで終わらせずに、「シミのない、綺麗な肌の自分を鏡で見ると、自分のことを好きでいられて自信を持てる」という心の本質まで深掘りするということです。

潜在ニーズの場合であっても、「部屋を汚したくない→剥けた皮で部屋を汚したくない」で終わらせずに、「暑い日の休日は、掃除や家事に時間を使わずに、清潔な部屋でのんびりしたい」というところまで深堀りしていきます（図表07-3）。

「日焼けしたくない」と考えている人々は、このインサイトを常に意識しているわけではないでしょう。しかし、本質的にはこのインサイトが彼らの心と身体を突き動かしていると考えられるのです。

▶ **日焼け止めのニーズとインサイトの例** 図表07-3

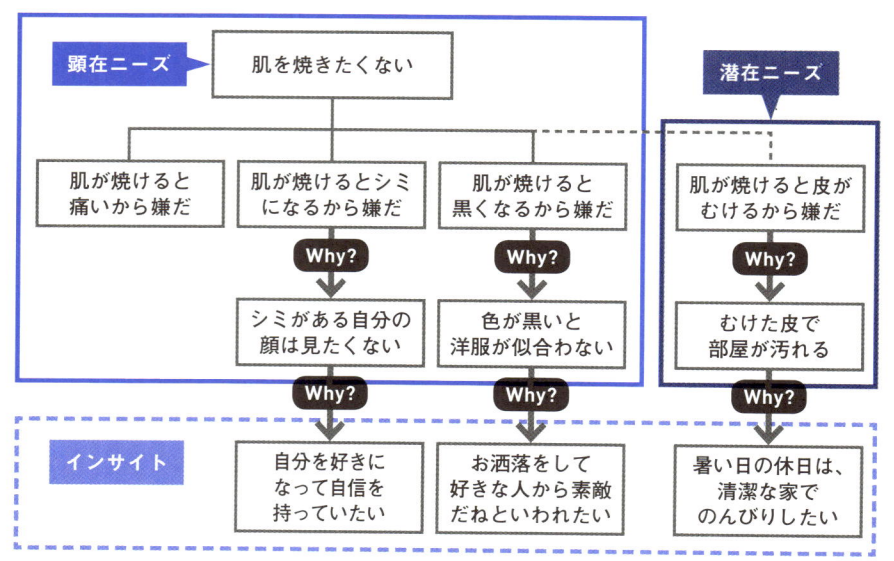

インサイトは顕在ニーズと潜在ニーズの奥に潜む価値となる

◯ インサイトはどこにあるのか

インサイトを考える際に困るのは、「どこまで深く掘り下げていけばインサイトにたどり着くのか？」ということです。これについてはケースバイケースなので、正解はありません。ただインサイトは人の心と行動の本質です。投げかけた言葉が人の心を深く動かしていると感じられたとき、喜び・怒り・悲しみ・楽しさ・驚き・幸福感・劣等感など、どんな感情であれ心を深く動かしている様子が表情に自然と現れたとき、それがインサイトだといえるでしょう。

◯ ニーズとウォンツを正しくとらえる

ニーズと混乱しやすい用語に「ウォンツ」があります。ウォンツは「ニーズを満たすための具体的手段への欲求」です。たとえば 図表07-4 のように「手軽に身体を温めたい」というニーズを満たすための、「マフラーがほしい、手袋がほしい、カイロがほしい」という部分がウォンツです。要するに「◯◯がほしい」という極めて具体的になっているニーズのことですね。ウォンツの概念を理解していない人は、これらを顧客ニーズだととらえます。間違いではないのですが、たとえば「マフラーがほしい」という顧客ニーズを満たすためには、マフラーを開発するしかありません。

一方で、ニーズを「手軽に身体を温めたい」だととらえたとしましょう。すると手軽に身体を温めるために、マフラーのほかにも手袋やカイロ、保温性がある携帯湯たんぽなどのさまざまな解決策が考えられます。ニーズはウォンツよりも広い概念なので、とらえ方によって、新しい可能性を生み出せるのです。

▶ ニーズとウォンツ 図表07-4

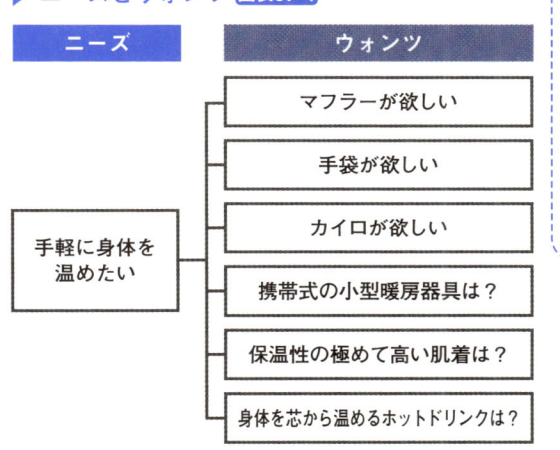

ニーズ	ウォンツ
手軽に身体を温めたい	マフラーが欲しい
	手袋が欲しい
	カイロが欲しい
	携帯式の小型暖房器具は？
	保温性の極めて高い肌着は？
	身体を芯から温めるホットドリンクは？

こうしたニーズやインサイトの定義や解釈は、唯一絶対の正解はありません。ただ、マーケティングの実務を踏まえたうえで吟味しているので、本書で紹介している内容で覚えてもらえれば、実務的には困りません。ご安心ください。

Lesson [ベネフィット]
08 ベネフィットでニーズを満たす

**このレッスンの
ポイント**

ニーズやインサイトと合わせて覚えるべき言葉として、「ベネフィット」があります。「利益」や「恩恵」といった意味ですが、マーケティングでは 「提供価値」 という重要な観点を表す言葉です。

● ベネフィットとは

ベネフィット（Benefit）は一般的に、利益や便益、恩恵などと和訳される言葉ですが、マーケティングの文脈では「商品やサービスが提供している、顧客に対して好ましい効果や変化をもたらすもの」ということになります。少し長いので、シンプルに「商品が提供する価値」と覚えておきましょう。

たとえば「手軽に身体を温めたい」というニーズを満たす方法として、「①マフラーで首まわりを温める」「②手袋で手を温める」「③カイロで貼った箇所を温める」などが挙げられます。これらの例では、「首まわりを温める」「手を温める」「貼っ

た箇所を温める」がベネフィットです。マフラーや手袋、カイロは商品であり、それ自体は提供価値ではありません。いずれの商品も「身体を温める」というベネフィットを提供しています。また身体を温めるだけでなく、たとえばバーバリーやエルメスのマフラーを身につけることで、「優雅な気持ち」を得られるならば、それもベネフィットです。前者の「身体を温める」は機能的価値、後者の「優雅な気持ち」は情緒的価値と呼びます。機能的価値と情緒的価値を合わせたものが、その商品が提供しているベネフィットです。

私たちが何かを購入する際は、自身が抱えているニーズを、商品が提供しているベネフィットを通して充足させているのです。

⬤ ニーズとベネフィットのマッチング

企業はベネフィットを提供して、顧客ニーズを充足させ、対価を得ています。どのようなニーズがあり、ニーズを充足させるためにどのようなベネフィットを提供すべきなのかを考えることが、「顧客理解のゴール」であり、「マーケティング活動の最重要ポイント」です。ちなみに、本書ではベネフィットと提供価値は同義の言葉として使っていきます。

ベネフィットをより詳しく理解するため

に、レッスン7の事例を改めて確認してみましょう（ **図表08-1** ）。「肌を焼きたくない」「部屋を汚したくない」というニーズに対しては、UVカットや保湿効果などの機能的価値が有効であり、「好きな人から素敵だねといわれたい」「自分を好きになりたい」というインサイトに対しては、コミュニケーションを通して情緒的価値を感じてもらうことが有効になります。

▶ ベネフィット（提供価値）とは **図表08-1**

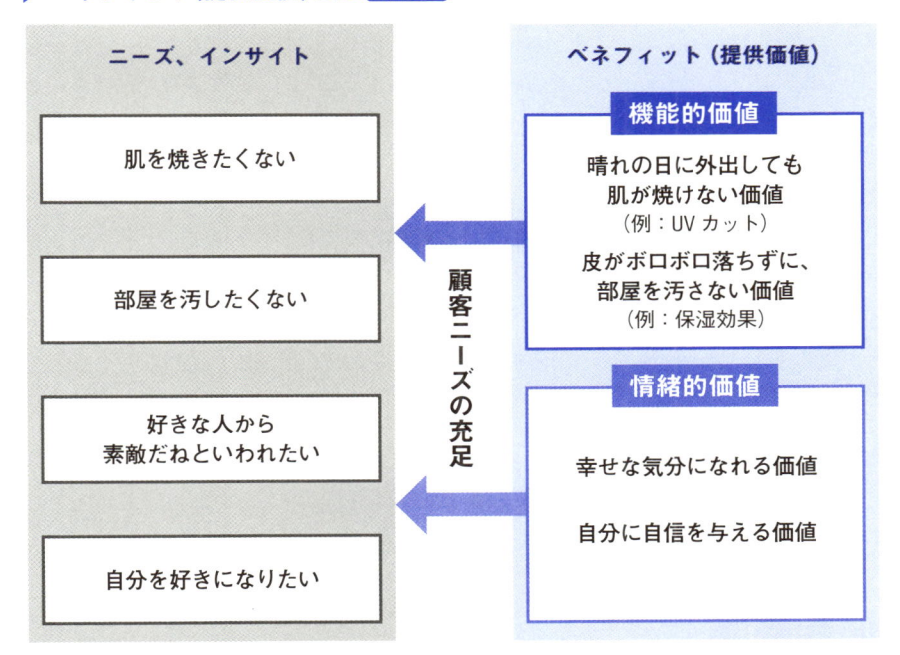

価値の提供を通して、顧客ニーズを充足させていく

最初に理解すべき顧客を決めよう

このレッスンの
ポイント

ここまでのレッスンで、マーケティングの最初のステップである「顧客と市場を理解する」ために必要な基礎用語を説明しました。このレッスンでは、顧客と市場を理解する具体的な方法について解説していきます。

○ いまいる顧客と向き合う

顧客と市場を理解してニーズをとらえるということは、人々が充足したいと感じている気持ちの「塊」を見つけることでもあります。では、ニーズをとらえるにはどうしたらよいのでしょうか。

まずはすでに顧客となっている人たちの声を聞くことからはじめましょう。「どんな商品を購入しているのか」「購入している金額や頻度」「購入の理由、きっかけ、満足度」、さらにはライフスタイルやパーソナリティなどを把握します。これらを把握することで、顧客理解が深まることはもちろん、商品の課題やベネフィットが明確になります。

売り上げを増やそうと思うと、つい新規顧客の獲得から検討してしまうかもしれませんが、まずは既存顧客をしっかり理解することが大切です。既存顧客の課題や意見から、新規顧客や新商品のアイデアにつながっていきます（図表09-1）。

▶ 既存顧客を理解する 図表09-1

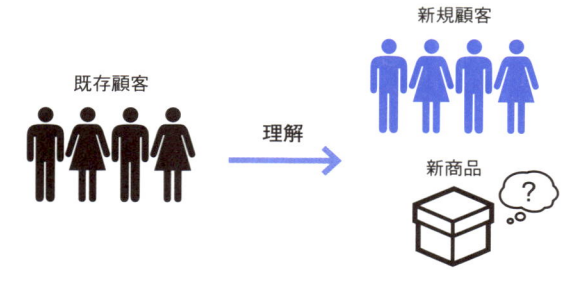

すでにいる顧客（既存顧客）を理解することで、新規顧客を獲得したり新商品を開発したりするヒントが得られる

● 既存顧客から新しいニーズを見つける

既存顧客を理解する視点は数多くありますが、まずは「購入金額や購入頻度別に顧客を分ける」ことからはじめます。どういうことかというと、たとえばハンバーガーショップの既存顧客を理解したいときに、購入する頻度が週に1回以上の人をヘビーユーザー（H）、月に1〜2回の人をミドルユーザー（M）、月に1回も購入しない人をライトユーザー（L）、過去に購入したことがない人をノンユーザー（N）のように分けていきます（**図表09-2**）。それぞれの頭文字をとって「HMLN分析」などとも呼ばれます。

どんな商品やサービスであっても、よく買う人とあまり買わない人ではニーズに大きな差があります。特にヘビーユーザーはその商品に接している機会も多く、商品の課題やベネフィットをかなり詳しく理解しているため、彼らの意見に耳を傾けることは非常に重要です。そしてヘビーユーザーの中には必ず、超ヘビーユーザーが存在します。超ヘビーユーザーはたとえば毎日ハンバーガーショップを利用する、1日3食ハンバーガーでも大丈夫のような「強者」のことですが、彼らをそこまで惹きつける魅力がそこにはあるわけで、その魅力を知ることで思いがけない発見があります。たとえば「毎日ポテトやナゲットの味が微妙に違うから飽きない」というマニアックなニーズもあるでしょうが、「スタッフの挨拶が気持ちよくて、つい毎朝行きたくなる」のように、気持ちよい挨拶が価値になっているということを発見できれば、挨拶の強化と訴求によって、新しい顧客を取り込むというアイデアにつながります。

▶ HMLN分析 図表09-2

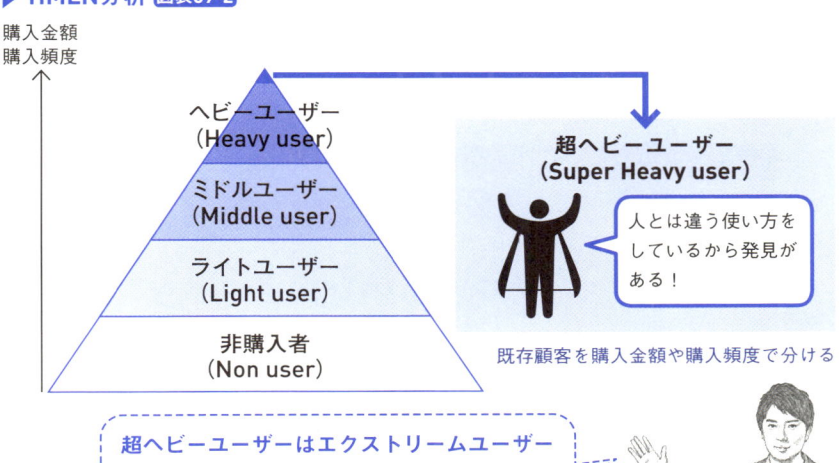

購入金額
購入頻度

- ヘビーユーザー（Heavy user）
- ミドルユーザー（Middle user）
- ライトユーザー（Light user）
- 非購入者（Non user）

超ヘビーユーザー
（Super Heavy user）

人とは違う使い方をしているから発見がある！

既存顧客を購入金額や購入頻度で分ける

超ヘビーユーザーはエクストリームユーザーと呼ぶのが一般的ですが、語感を重視して本書では超ヘビーユーザーを使っています。

Lesson 10 ［アンゾフのマトリクス］
新規顧客の可能性を見つけよう

**このレッスンの
ポイント**

既存顧客のニーズから新しいビジネスチャンスを見つける
ためには、<u>アンゾフのマトリクス</u>というフレームワークが
便利です。アンゾフのマトリクスは売上拡大の方法を考え
る順番を教えてくれます。

⭕ 新しいビジネスチャンスの探し方

既存顧客のニーズをとらえたら、そのニーズが当てはまる新規顧客を見つけることで、ビジネスチャンスにつなげていきます。このときに使う定番ツールが「アンゾフのマトリクス」です。

アンゾフのマトリクスは 図表10-1 のように顧客と商品を「既存」と「新規」の軸で分けて、売り上げを増やす方法を4つの視点から考えるツールです。顧客は市場やニーズと同じ意味ととらえましょう。4つの視点とは、「①既存商品を、すでにある商品を使っている既存顧客により多く売る」（市場浸透）、「②既存商品を、近いニーズを持つ新しい顧客に売る」（市場開拓）、「③新しい商品を、既存商品を使っている顧客に売る」（新商品開発）、「④新しい商品を、新しい顧客に向けて売る」（多角化）です。

▶ **アンゾフのマトリクス** 図表10-1

商品軸		
	既存	**新規**
顧客軸（市場軸） **既存**	① 市場浸透	③ 新商品開発
顧客軸（市場軸） **新規**	② 市場開拓	④ 多角化

「顧客」と「商品」を「既存」「新規」で分けて、それぞれの軸ごとに戦略を考える

● アンゾフのマトリクスを具体例に落とし込む

ここでは **図表10-1** を見ながら、市場浸透、市場開拓、新商品開発、多角化について具体例でイメージをつかみましょう。たとえばある商品を5回利用したら次回は1,000円割引、購入金額が1万円以上だと配送料が無料になるなど、既存顧客の購入頻度や単価を高める活動は①の市場浸透に該当します。②の市場開拓は、関東限定の商品を全国や海外に広げるといった販売エリアの拡大などが代表例ですね。スーパーが提供しはじめている食品の宅配サービスは、既存顧客への利便性を高める新サービスなので③の新商品開発だといえます。④の多角化は、新しい商品を開発して新しい顧客に提供するという挑戦的なケースとなります。富士フイルムがカメラフィルムの製造過程で使っていたコラーゲンを加工する技術を応用して、化粧品開発をはじめた例などが有名です。

番号が大きいほど実現するのが難しい施策となるので、①→②→③→④の順番で検討していくのが一般的です。すぐに新商品開発を検討せずに、まずは既存商品を既存顧客と新規顧客に買ってもらえる工夫を考えるべき、ということですね。

● 新しい顧客は競合商品の購入者から探す

新しい顧客に既存商品を買ってもらうことを考えるときは、既存顧客と近いニーズを持つ顧客を探すことになるため、当然、すでに競合商品を購入している可能性が高くなります。こうした場合は、競合商品の購入者に対してHMLN分析を行いましょう。

ここで注目するのは競合商品のヘビーユーザーではなくライトユーザーです。というのも、ライトユーザーは商品への愛着が低いと想定されるため、競合商品から自社商品に乗り換えてくれる可能性が高いからです。ノンユーザーはそもそもニーズがないことも考えられますが、ニーズ喚起の余地があるかを確認するとよいでしょう。ただし、ゼロからニーズを生み出すのはとても難しいため、基本的には競合のライトユーザーが新規顧客の第一候補となります。

> 新しいビジネスチャンスを考えるとき、安易に新商品開発に走るのはやめましょう。既存顧客の掘り起こし、競合からの奪取が王道です。

Lesson

11

［市場への理解①］

3C分析で市場を俯瞰しよう

このレッスンの
ポイント

市場を正しく理解するには、需要をつくる顧客だけでなく、市場でビジネスをしている競合や自社の優位性を確認しなければなりません。本レッスンでは、市場全体を俯瞰して理解する方法を解説します。

○ 市場を俯瞰できる3C分析

競合から顧客を獲得することを考えるためには、そもそもその市場に競合は何社いるのか？ 競合に対する自社の優位性はどこか？ など、競合や自社のことを深く理解しなければなりません。このように市場全体を俯瞰したいときに活用できるのが「3C分析」です。

3C分析とは、 図表11-1 のように顧客（Customer）、競合（Competitor）、自社（Company）の3つの視点で市場を分析する手法です。顧客ニーズを発見できたとしても、競合が高い満足度でニーズを満たしていれば顧客獲得は難しくなります。同時に、ニーズを満たす商品を開発する技術が自社になければ、その市場で戦うことはできません。

▶ 3C分析の視点 図表11-1

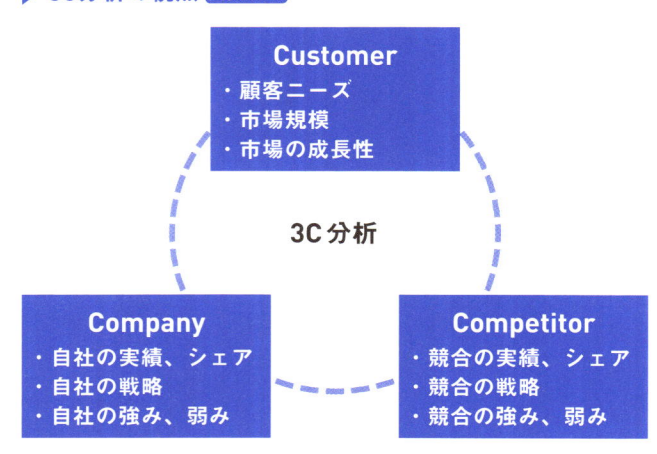

「3C分析」は顧客、競合、自社の3つの視点で市場の理解を深めるためのフレームワーク

● 顧客・市場（Customer）をさらに分析する

マーケティング戦略をより精緻に行うためには、顧客ニーズの把握のみならず市場規模や市場の成長性を調べることも重要です。ニーズがあったとしても市場規模が小さければビジネスになりません。また一方で、たとえば同じコーヒー飲料市場でも、缶コーヒーは減っているがペットボトル型は増えているということもあります。発見した顧客ニーズをもとに、伸びている市場はどこか、さらには今後もその成長が続きそうな市場はどこかを見極めていきましょう。伸び盛りの市場はマーケティングも成功しやすく、魅力的です。

● 競合（Competitor）を分析する

顧客視点での市場の状況がわかったら、どんな競合がいるかをリサーチします。市場における有力な競合商品をピックアップし、商品ごとの推定売上や購入者、もしわかればマーケティング戦略なども調べていきます。これら情報はプレスリリースや決算説明資料、商品WebページやSNS上の口コミなどから幅広く集めていきます。また詳細はレッスン14〜15で説明しますが、SWOT分析やバリューチェーン分析などを活用して競合の強みや弱みも把握します。

顧客ニーズはとらえたものの競合分析が不十分だと、商品開発やマーケティングに投資をして市場参入したあとに、莫大な資金力をもつ大手企業が類似商品を即投入してあっという間にポジションを奪われる、ということになりかねません。競合の顔ぶれや競合の強み弱みをリサーチし、自社参入後の競合の動きまでを想定して、市場の魅力度を評価する必要があります。

● 自社（Company）を分析する

多くの人は自社のことは理解していると思いますが、顧客・競合を分析したあとに改めて自社（Company）の分析を行うと、もともと認識していた自社の強み・弱みの評価が変化するものです。強み・弱みは相対的なものであると覚えておきましょう。

> 3C分析では完璧な分析を目指さずに、まずは顧客や競合、自社の視点でざっくりと市場を俯瞰するようにしましょう。

Lesson 12 ［市場規模の算出］

市場規模を把握しよう

**このレッスンの
ポイント**

市場を理解するためには市場の大きさ、すなわち**市場規模**を算出する必要があります。市場規模は売上期待値の判断に大きな影響を与えます。本レッスンでは市場規模の基本的な算出方法を解説します。

◯ 市場規模を見極める

市場規模とは、類似商品の売上金額や利用者数と言い換えられます。たとえば競合するA、B、Cという3つの商品がある市場であれば、一定期間におけるその3つの商品の売上金額の合計や利用者数が市場規模ということです。そのため、市場規模を知るには、それらのデータを取得する必要があります。

とりあえずおおざっぱな市場規模を知り

たいのであれば、**図表12-1**にあるような各団体が提供しているデータを入手すればよいでしょう。また、大企業が出すIR資料の中に市場規模のデータが掲載されている場合もあります。これらは無料で使えますが、ほしい情報が得られるかはわかりません。よりターゲットに近い市場規模が知りたければ、民間の調査会社が提供しているレポートなどを購入します。

▶ **市場規模算出に使える情報ソース** 図表12-1

サービス名（提供元）	サービス概要
人口推計（総務省）	国勢調査を元にした人口推計
法人企業統計調査（財務省）	主要業界の売上総額
情報通信白書（総務省）	ICT事業の市場規模
日本の広告費（電通）	広告業界の市場規模
SPEEDA（ユーザベス）	世界500万社のデータが約550業界に分類・分析されたデータベース。有料
COSMOSNET（帝国データバンク）	企業信用調査で集めた精緻なデータベース。有料
マーケットレポート（矢野経済研究所）	特定ビジネス分野の市場規模、企業シェア、将来予測、主要企業の動向等を総合的に調査・分析したレポートを多数販売

サービス名と提供元名で検索するとヒットする

○ 主要企業の売り上げとシェアから予測

主要企業の売り上げとシェアから市場規模を推測する方法もあります。わかりやすい例として自動車業界で説明しましょう。ここではトヨタやホンダ、日産、マツダなど主要企業の売上合計をIR情報から算出し、その企業の売り上げが全体売り上げの何%を占めていそうか? ということから市場規模を推計していきます。

あくまで仮の数字ですが、5社の売上合計が60兆円で、日本における自動車市場の売上80%を占めているとすれば、「60兆円÷0.8＝75兆円」が「自動車業界の市場規模」となります。この「主要5社で80%を占めているだろう」という考え方は、全体の2割の人たちが全体の8割の儲けを生みだしているというパレートの法則を活用しています。

ちなみに自動車の販売台数や生産台数であれば、日本自動車工業会の統計情報が無料で入手できます。このように業界団体が出している情報も参考にしましょう。

○ 顧客数×購入率×購入単価×購入回数で考える

最後は「見込み顧客が（顧客数）、どのくらいの割合で（購入率）、いくらで（購入単価）、年間何回購入するか（購入回数）」の掛け算で市場規模を考えていく方法です。たとえば男性をターゲットにした電気シェーバーの場合で考えてみましょう（**図表12-2**）。

日本の成人男性の数字以外はすべて仮説なので、この数値の妥当性は別途検証が必要ですが、精度が粗かったとしても、ターゲットの市場規模を数字で把握する

ことはとても重要です。たとえば3年後に10億円の売り上げを目指したい場合、そもそも市場規模が30億円しかなければ非常にチャレンジングな目標になりますが、市場規模が300億円であればしっかりと投資すれば達成できるかもしれません。市場規模が充分か、さらに成長市場かどうかは売上期待値に大きな影響を与えます。情報と仮説を組み合わせて算出しましょう。

▶ 電気シェーバーの市場規模を算出する 図表12-2

日本の成人男性 5,054万人	×	ヒゲ剃り用品購入率 90%	×	電気シェーバー派 70%	×	購入単価 20,000円	×	年間購入回数 0.2〜0.25	= 1,273億円〜1,591億円
2018年4月1日時点、総務省人口推計より		ほとんどの男性がシェーバーかカミソリを購入すると仮定		残り30%がカミソリ派と仮定		『価格コム』などの口コミサイトを参考に設定		シェーバーは4〜5年に1回購入すると仮定	

成人男性の数以外は仮の数字だが、周囲へのヒアリングやデスクリサーチなどでもある程度の数字の目安は立てられる

Lesson 13 ［市場への理解②］
その市場の魅力を見極めよう

このレッスンの
ポイント

顧客ニーズと市場規模だけでは「市場の魅力度」を測れません。ここでは市場の魅力度を明らかにするために、「5F分析」という分析手法を紹介します。初学者向けというより中級者向けの内容なので、必要に応じて読み進めてください。

◯ 5F分析を理解しよう

市場の収益性が高いか低いかを見極めるときに役立つのが、「5F分析」です。5Fとは、5つの脅威（force）のことで、図表13-1 に表した「①その市場にすでに参入している企業（既存企業）同士の競争」「②買い手の交渉力」「③サプライヤーの交渉力」「④代替品の脅威」「⑤新規参入者の脅威」を指します。この5つの脅威

の大きさによって、市場の魅力度（収益を上げやすそうか、そうでないか）が決まります。

市場規模や成長性が確認できたとしても、5つの脅威が大きければ勝ち目は少なくなります。5F分析で「本当に収益を上げられそうか」を確認することが重要です。

▶ 5つの競争要因 図表13-1

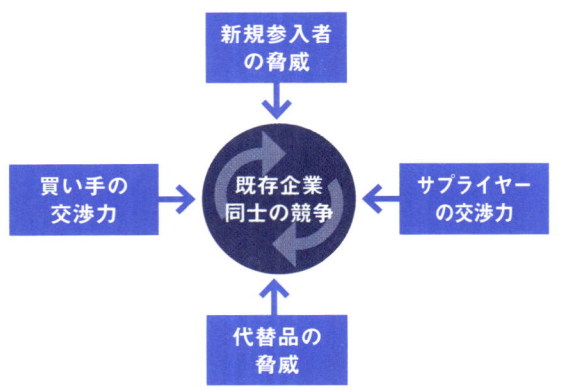

5F分析はマイケル・ポーターによって提唱されたフレームワークで、市場の魅力度を把握するのに役立つ

● 既存の競合企業同士の競争

まずは「①既存企業同士の競争」から見ていきましょう。完全な新規市場への参入を除けば、どんな市場でも既存企業がビジネスを展開しています。エネルギーや航空業界のように少数の大手企業で寡占化されている市場もあれば、カフェ業界のように数えきれない数の企業が参入している市場もあります。一般的には新規参入に必要な投資金額の大きさが、その市場に参入している企業数に影響します。たとえばボーイング777型機は1機で約150億円もするといわれており、運行する飛行機をそろえるだけで莫大な資金が必要になるため、航空業界に参入できる企業は限られますね。

大きな投資が必要な市場とは、言い換えれば参入障壁が高い市場ということです。そのため多くの企業は参入障壁が低く競争が激しい市場へ参入することになります。競争が激しければ、顧客ニーズが高度化して商品提供に必要なコストは上がっていく一方で価格を下げなければならず、魅力度は低くなります。したがって既存市場においては、競争が比較的穏やかな市場（参入企業が多すぎない、価格下落がはじまっていない）を探すことが重要です。

● 買い手の交渉力

買い手とは商品の購入者であり、企業にとっての顧客のことです。市場における強力な買い手は、発注金額の多さを背景に値下げ圧力をかけてきたり、商品やサービスの品質向上を求めてきたりするものです。買い手（顧客）は常に「よいものを低価格で購入したい」と考えるため、これは当然の力学ともいえますね。

食品や飲料メーカーにとっての最大の買い手は世界的にはウォルマート、日本ではセブンイレブンなどが挙げられます。買い手（顧客）の交渉力が強い市場は価格が下落しやすいため、魅力度が低くなります。

たとえば缶コーヒーの全国展開をするならばセブンイレブンとの付き合いは必須ですが、特定地域での展開ならば、交渉余地がある地域のコンビニやスーパー、個人商店に置いてもらう（買ってもらう）という選択肢があります。市場に交渉可能な買い手がいるかどうかは、自社収益に大きな影響を与えるので、しっかりと見極めましょう。

> 5つの脅威すべてがない市場などありません。自社にとって特に脅威となる要素を見極めましょう。

● サプライヤーの交渉力

原材料の調達が容易かどうか、という観点も市場の評価材料となります。たとえば乳製品メーカーであれば酪農家がサプライヤーですが、メーカーにとって代替の効くサプライヤーである場合は、いわゆる買い叩きなどが起こり、メーカーの立場が強くなります。逆に代替が効かない場合、たとえばそのサプライヤーだけが保有している技術がある場合や、独占的なプラットフォーマーである場合は、調達コストがコントロールできないため調達コストの高い材料となりえます。PC業界におけるマイクロソフトやインテル、プラットフォームビジネスにおける Google、Facebookなどが代表例です。特にGAFA（ガーファ）と呼ばれるGoogleとAmazon、Facebook、Appleの4社が提供するプラットフォーム上でビジネスをする場合は本当に大変です。Googleの広告メニューやApp Storeのコンテンツ購入については、サプライヤー側であるGoogleやAppleの厳格な基準があり、買い手からコントロールすることは不可能です。このようにサプライヤーが大きな交渉力をもっている市場においては、サプライヤーと上手に付き合っていくか、別のサプライヤーを見つけてニッチに勝負していくなどの対応が必要です。

● 代替品の脅威

代替品とは、すでに提供されている商品やサービスが満たしている基本的なニーズを、異なる方法で満たす商品やサービスのことです。よく紹介される例としてはカメラがあります。フィルムカメラからデジタルカメラへの移行が進み、フィルムメーカーは市場の変更をせざるを得ませんでした。そのデジタルカメラも、いまではその役割をスマホに取って代わられつつあります。そのためデジタルカメラメーカーは、専門機ならではの高性能を突き詰めたり、スマホとの連携機能を強化したりといった工夫を行って、脅威と戦っているのです。

代替品が存在しはじめると、既存商品やサービスの売り上げが鈍化しはじめ、価格の維持が難しくなり、結果として収益率が悪化していきます。

なお代替品が普及しやすいのは、買い手が代替品に乗り換える「スイッチングコスト」が低いときです。

> 歴史をひもとくと、19世紀に普及したカメラは、肖像画や風景画などを生業にしていた画家にとっての脅威でした。

● 新規参入者の脅威

既存の市場に新たに参入してくる企業は、何かしらの強みを持ってやってきます。たとえばジェネリック医薬品は、特許が切れた技術を利用して、同じ薬効なのに価格を下げて提供されている商品ですね。同じ価値を低価格で提供するのは、新規参入者の王道です。また保湿ティッシュでは「鼻セレブ」が有名ですが、実はこれは後発商品です。大手企業の圧倒的なマーケティング力と営業力で先行企業を抜き去ってしまいました。図表13-2のように、新規参入者の存在は、既存企業の収益性を低下させる大きな脅威となります。そのためいまいる企業だけでなく、今後参入してくる企業の動きも想定しておかねばなりません。

こういった市場に存在する脅威を多面的に把握することで、その市場が自社にとって魅力的かどうか判断でき、また脅威へ対抗する手段を事前に考えられます。

▶ 低価格で勝負する新規参入者 図表13-2

新規参入を許すケース
自社よりも低価格で市場に新規参入してくるため、商品やサービスの改善が求められる

新規参入を防ぐケース
あらかじめ低価格を実現させれば新規参入を防げる

👍 ワンポイント　スイッチングコストにも注目しよう

スイッチングコストとは、生活者が代替品を購入する際に発生する費用のことです。代替品を購入する際にも当然お金は支払いますから金銭的コストが発生します。ほかにも、手間や時間という労働的コスト、そして「変えるのが面倒くさい」のような心理的コストなどが挙げられ、それらすべてをスイッチングコストだと考えます。たとえば音楽コンテンツ市場で「店舗レンタル→ダウンロード」への代替が一気に進んだのは、このスイッチングコストが非常に低かったことが大きな理由の1つです。

なお有望な代替品が存在している場合、数年後にはその市場が小さくなっていくので魅力度が低いといえますが、反対に代替品がつくり出している新市場は大きく成長していくと考えられるため、魅力度が高いといえます。

14 SWOT分析で自社の強みを考えよう

このレッスンのポイント

> ここまでのレッスンで顧客と市場、そして競合の理解は進んだと思います。ここで改めて自社の強みを正しく評価する必要があります。自社分析のフレームワークとして、まずは**SWOT分析**を理解しておきましょう。

○ SWOT分析とは

SWOT分析は、自社の「強み、弱み」、自社にとっての「機会、脅威」という4つの項目から、戦略を立てるうえでの判断材料を得る分析手法です（**図表14-1**）。マーケティングのみならず、さまざまな意思決定の場面で利用されています。

強みと弱みは内部的な要因なので自社でコントロールできますが、機会と脅威は外部要因なのでコントロールできません。このように「コントロールできるかどうか」という軸で判断材料を得られるのがSWOT分析の特徴です。一般的に、「強み」と「機会」の比重が高ければ攻めの成長戦略を立て、「弱み」と「脅威」の比重が高ければ守りの戦略を立てるという判断になります。

▶ **SWOT分析** 図表14-1

内部要因	外部要因
Strength 強み	**Opportunities** 機会
Weakness 弱み	**Threats** 脅威

自社の強みと弱み、そして機会と脅威という外部の要因を洗い出して戦略の材料にする。機会は「ビジネスチャンス」のこと

> 自社分析のフレームワークとしてとても有名な SWOT 分析ですが、そもそも「どんな視点で強みを抽出すればよいのか」は教えてくれません。そこで活用をオススメしたいのが、次のレッスンで紹介するバリューチェーン分析です。

実例に見るSWOT分析

携帯電話市場を例に考えてみましょう。ある調査によれば2018年1月の60代のスマートフォンの保有率は5割を超え、はじめてフィーチャーフォンの保有率を上回り、70代の保有率も3割を超えました。この市場でビジネスをしている企業にとって、シニア層のスマホ普及率向上は大きな機会（ビジネスチャンス）といえるでしょう。そして自社が、競合よりもシニア層向けに特化したサービスラインナップを持っていたり、コールセンターによるアフターフォローが充実している場合、自社の強みを発揮できそうです。す

ると、「機会×強み＝シニア層（60代以上）のスマートフォン新規契約獲得に注力」という判断につながります。

一方で2018年8月の官房長官による「携帯料金は4割程度の値下げ余地がある」という発言は、政府や世論からの値下げ圧力の高まりを生みかねないものであり、脅威ともいえる事象です。自社の価格帯が競合比較で高単価だった場合は早急に対策を練る必要があるため、「脅威×弱み＝値下げ圧力への緊急対策」という判断となります。

SWOT分析に3C分析の視点を統合する

ここで気づかれた方も多いと思いますが、SWOT分析と3C分析は考える視点が非常に似ています。内部要因である強みと弱みは3C分析におけるCompany（自社）の分析要素に含まれ、外部要因である機会と脅威は、Customer（市場・顧客）と

Competitor（競合）を分析した内容を、機会と脅威に分類することで統合できます。これを図にしたのが 図表14-2 です。3C分析とSWOT分析を統合することで、独りよがりではない深みのある市場分析が可能になるのです。

▶ **SWOT分析に3C分析を統合** 図表14-2

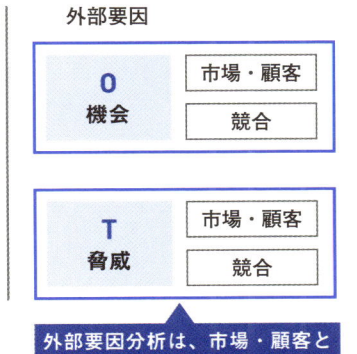

SWOT分析と3C分析を統合することで、分析の視点が深まる

Lesson 15 ［バリューチェーン分析］

自社の強みを分析しよう

このレッスンの
ポイント

> 自社の強みを把握する方法として、**バリューチェーン分析**があります。これは「価値の連鎖」という意味ですが、価値が提供される一連の流れを可視化して、自社の強みが生み出されている段階を明らかにします。

● 自社の強みを理解する

バリューチェーンとは、「顧客へ価値を提供するまでの研究、開発、生産、販売、配送、アフターサービスという企業活動全体の流れ」のことです（**図表15-1**）。各機能を独立した作業としてとらえるのではなく、商品の提供価値を完成させるために、各機能がそれぞれ価値を加えている、ととらえます。

バリューチェーン分析では、自社と競合のバリューチェーンをそれぞれ比較し、どの機能に強みと弱みがあるのかを明らかにしていきます。

▶ バリューチェーン **図表15-1**

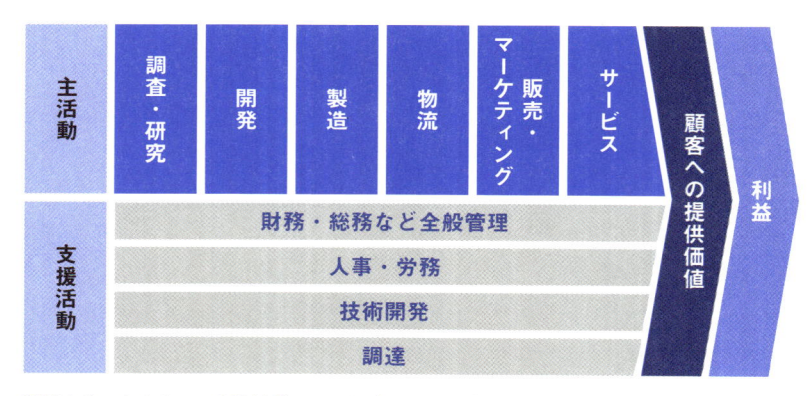

利益を生み出すまでの企業活動を、工程ごとにつなげたものがバリューチェーン

● バリューチェーン分析の事例

図表15-2 は百貨店とSPA企業（製造小売業）であるユニクロのバリューチェーン比較です。SPAとは、販売だけではなく、自社のオリジナル商品を開発して販売する小売業のことを指します。もちろん、百貨店も自社で商品開発しているケースはありますが、主力事業ではありません。ユニクロのバリューチェーンは、コーディネートしやすいベーシックデザインを前提に、商品を自社で企画し、郊外や一等地など多彩な立地に出店、接客は声を掛けられたときだけ最低限行うというものです。また、衣服の種類は絞って大量生産、ラッピングなどのオペレーションも必要最低限にしてコストを抑制し、低価格を実現していることがうかがえます。

また、商品企画や開発も自社で品質管理し、デザインも装飾性は捨て、ベーシックラインに絞ることでシンプルで高いデザイン性を実現しています。

結果として、「低価格×高品質×高デザイン」というユニクロしか提供できない独自価値をつくり出しています。この分析から推察されるユニクロの強みは、高い戦略性と商品企画力です。

このようにバリューチェーン分析で企業活動の流れを分析することで、自社や競合の強みがどの機能にあるのかが明確になります。付加価値のつくり方はさまざまです。企業ごとに必ず何らかの強みがあり、それを活かした価値提供の方法を見出していくことが重要です。

▶ **アパレル業界のバリューチェーン比較** 図表15-2

	商品企画	製造	店舗運営	物流	マーケティング・販売	サービス
百貨店	高品質×高ファッション性×高単価商品の選定	原則、製造は行わない	一等地・高級感のある内装	選定した商品を自店舗へ仕入れ	積極的な広告宣伝、正社員による丁寧な接客	丁寧なラッピング・充実したアフターフォロー
ユニクロ	高機能×ベーシックデザイン×高品質×低単価商品の企画	小品種大量生産（すべて委託先で製造）	郊外、一等地など多様	生産した商品を自店舗へ仕入れ	積極的なマス広告、ヘルプ・ユア・セルフ方式	簡易ラッピング

自社と競合をバリューチェーンで表し、それぞれの特徴を書き出すと、強みや弱みが明らかになる

STPを理解しよう①「セグメンテーション」

**このレッスンの
ポイント**

ここまでが、マーケティング戦略のステップ①である「**環境分析**」において必要な基礎知識でした。ここからはステップ②の「**STP策定**」です。**STP分析で顧客を細分化していき、自社が解決すべき未充足ニーズを特定していきます。**

○ STP策定とは？

未充足ニーズを発見し、そのニーズを満たす方法を考えるフレームワークがSTP策定です。STP策定はマーケティング戦略を考える際の最も有名なフレームワークといっても過言ではありません。STPは「Segmentation」「Targeting」「Positioning」の頭文字をとったものです。

顧客や市場のニーズ分布を把握するために、顧客をさまざまな切り口で細分化し（セグメンテーション）、その中から最も買ってほしい顧客に狙いを定め（ターゲティング）、どのような価値を付加して自社商品を提供するか（ポジショニング）を考えていきます（**図表16-1**）。

▶ STP策定の流れ 図表16-1

①セグメンテーション
さまざまな切り口で顧客を細分化する

→

②ターゲティング
セグメントされた顧客の中から以下のような視点でターゲットを選定する

→

③ポジショニング
自社の商品、サービスがどのような価値を提供し、どのように差別化するのかを明確にする

①地理的変数
②人口動態的変数
③行動・態度的変数
④心理的変数

①市場規模
②ニーズの充足度
③価値提供の実現可能性
④ターゲットへのリーチ可能性
⑤自社ブランドイメージへの影響

顧客を絞り込み、提供する価値を最適化するときに活用するのがSTP策定

● セグメンテーションの基本

顧客の細分化は、地理や人、行動、心理の4つの切り口で行います。たとえば沖縄と北海道では気候が違うため、必要な生活必需品が異なります。関東と関西では味の好みが大きく異なります。それ以外にも、駅前と幹線道路沿い、大都市圏と地方都市圏といったように、地理的な要因は顧客ニーズに大きく影響します。人や行動にしても同じです。女性向けの化粧品の場合、20代と50代ではそれぞれ肌の悩みが違うでしょうし、缶コーヒーを1日に何回も飲む人もいれば、週1回程度、スターバックスなどのカフェでしか買わない人もいるでしょう。心理であれば、新しい商品が出たときにとりあえず買う人もいれば、慎重に吟味してから買う人など、価値観やパーソナリティは千差万別です。こういったセグメンテーションの基本の切り口をまとめたのが 図表16-2 です。

このように顧客をさまざまな切り口で細分化することを「セグメンテーション」といい、細分化された顧客の塊がセグメントです。セグメンテーションによって、どのような特徴をもった顧客が、どのようなニーズをもっているかが理解しやすくなります。

▶ セグメンテーションの基本の切り口 図表16-2

① **地理：居住地域、気候、文化、人口密度など**
　例）居住地域：1都3県（東京・神奈川・千葉・埼玉）／2府2県（大阪・京都・奈良・兵庫
　　／その他の県

② **人：性別、年齢、未既婚、子供有無、職業、年収など**
　・性別：男性／女性
　・年齢：10代／20代／30代／40代／50代／60代以上
　・ライフステージ：独身／ファミリー／退職シニア
　・世帯年収：〜400万／〜600万／〜800万／〜1,000万／〜1,500万／〜2,000万／それ以上

③ **行動：商品やサービスへの関与度＝認知状況・購買経験・購買時期や頻度・満足度など**
　・利用頻度：ある商品・サービスを、毎日利用している／週に1回以上利用している／月に1
　　回以上利用している／それ未満の頻度／利用したことはない
　・商品満足度：満足している／まぁ満足している／どちらとも言えない／あまり満足していな
　　い／満足していない

④ **心理：価値観、趣味・嗜好、パーソナリティ、ライフスタイルなど**
　・価値観：新しい商品には敏感な方だ／新しい商品にはあまり興味がない、外交的／内向的、
　　休日は家にいる事が多い／休日は外出していることが多い

地理、人、行動、心理によって顧客のセグメントを定める

特に地理と人の2つは、セグメンテーションの基本中の基本といえる切り口ですね。

NEXT PAGE →

● 実務でよくあるセグメンテーション

セグメンテーションは、やろうと思えばいくらでも細分化できます。そのためまずはお決まりの切り口を覚えておきましょう。それは「性別」「年代」「所得水準」「ライフステージ」「商品利用経験」「商品満足度」、そしてレッスン9で説明した「商品関与度（利用・購入頻度）」を加えた7つです。また、それぞれの切り口を掛け合わせたセグメンテーションもよく見かけますが、なかでも「性別×年齢」は最もよく使われています。商材や業界を問わず、性別や年齢によるニーズの差というのは生じやすいのです。

その一方で気をつけなければならないポイントもあります。それは、価値観が多様化した現在では、「30代男性がほしいもの」「20代女性がほしいもの」という大きなセグメントでは、さまざまなニーズが混在してしまうということです。そのため、ヘビーユーザーなのか、ライトユーザーなのかといった購入頻度に満足度を掛け合わせたり、「年収500万以上の未婚の会社員」のように、複数の切り口を掛け合わせていきます。こうして細分化を進めていけばいくほど、ニーズの違いが明確になっていきます（**図表16-3**）。

▶ 実務でよく見かけるセグメンテーション 図表16-3

性別 × 年代

	男性	女性
20代		
30代		
40代		
50代		
60代以上		

ライフステージ × 所得水準

	高	中	低
独身			
ファミリー			
シニア			

性別 × サービス利用状況

	男性	女性
現利用者		
利用中止者		
非利用者		

商品関与度（利用・購入頻度）× 商品満足度

	高	中	低
ヘビーユーザー			
ミドルユーザー			
ライトユーザー			

セグメンテーションはお決まりのパターンを押さえつつ、いくつかの切り口を組み合わせて細分化をするのがポイント

お決まりのパターンは押さえつつも、女性向けの化粧品や衣料では年代セグメントは5歳刻みにする、シニアを子どもの年齢でさらに分けるなど、ニーズの差が明確になるセグメンテーションがポイントです。

○ Facebook広告の配信セグメント

このセグメンテーションが極めて進化した例があります。**図表16-4** はFacebook広告で配信可能なセグメントの一例です。趣味・活動だけでも100以上、業界でも30以上の配信セグメントがあります。ほかにもさまざまな配信セグメントがあり、その組み合わせは無数です。Facebookのように世界中の人々が利用しているサービスには、利用者に関する膨大な情報が集まっていきます。その集まった情報とテクノロジーを活用することによって、顧客1人1人の属性や価値観、趣味嗜好にマッチした広告配信が可能になっています。広告配信におけるセグメンテーションはここまで細分化されているのです。

しかし、STP策定におけるセグメンテーションはここまで細分化する必要はありません。細かすぎるセグメントは市場規模が小さくなりすぎるためビジネスが成立しません。一方で、大きすぎるセグメンテーションでは多様なニーズが混在してしまいます。一昔前のマスマーケティング全盛の時代には、大きな塊のようなニーズが存在していましたが、現代ではニーズが多様化・複雑化しています。いまの世の中のセグメンテーションのポイントは、ニーズに差が出て、かつ一定規模の市場規模があるような、ミディアムサイズ（Small mass）のセグメントを見つけることです。

▶ Facebook広告には非常に多くのセグメントがある **図表16-4**

趣味・関心 × 所属業界

	IT	金融	ヘルスケア	公務員	福祉関係	一次産業	営業	フード	科学	軍事
アウトドア										
スポーツ										
テクノロジー										
ファイナンス										
健康										
ゲーム										
TV										
映画・音楽										
ショッピング										
料理										
旅行										
アート										

Facebookでは非常に細かくセグメンテーションを行い、個人個人に最適な広告配信が可能

[STPの策定②]

17 STPを理解しよう② 「ターゲティング」

このレッスンの ポイント

セグメンテーションで顧客を細分化したら、次は購入を特に促したい顧客を選びます。これが「ターゲティング」です。セグメンテーションとターゲティングはセットで行い、行ったり来たりを繰り返しながら精度を高めていきます。

ターゲティングにおける重要な視点

「ターゲティング」とは、セグメントされた顧客の中から、特に購入を促したい顧客（ターゲット）を選ぶことです。ターゲットが集まって形成される市場はターゲット市場と呼ばれます。

仮に複数のセグメントで未充足ニーズを発見できたとしても、すべてのニーズを満たすことはできません。自社商品を最も購入してくれそうなターゲット市場を選ぶことで、商品のベネフィットや魅力を効果的に訴求できるようになるため、

売れる確率が高まります。

反対に、複数のニーズをとらえていてもターゲットを間違えると商品は売れません。したがってターゲットは、**図表17-1**に挙げた6つの視点を考慮して慎重に選定していく必要があります。なお、レッスン19で、具体的にセグメンテーションからターゲティングを行うプロセスを紹介するので、ここではとりあえず6つの視点が大切だということを覚えておきましょう。

▶ **ターゲティングの視点** **図表17-1**

① 市場規模と市場成長性
② ニーズの充足度
③ 提供価値の実現可能性
④ ターゲットの購買力
⑤ ブランドイメージへの影響
⑥ ターゲットへのリーチ可能性

これら6つの視点の中でも①の「市場規模と市場成長性」が最も大切

⭕ ビジネスとして成立しそうかどうか

6つの視点の中でも、最も重要なのは「市場規模があるか、市場が伸びているか」です。どんなにすぐれたセグメンテーションとターゲティングを定めたとしても、市場規模が小さい、または縮小市場ならば収益を生み出し続けるビジネスにはなりません。売り上げ目標を達成できる市場規模があるかどうかをしっかり押さえておくことが、そのビジネスの明暗を分けると考えておきましょう。

次に考慮すべきは「そのセグメントにおけるニーズの充足度」です。たとえば、「外出時に日焼けをしたくない」というニーズは、日焼け止めクリームや日傘でニーズが満たされている（充足されている）と考えられます。この場合、市場規模が大きかったとしても新しい売り上げをつくることは難しいでしょう。ニーズが大きく、充足度が低いセグメントを選ぶことが重要です。

ビジネスチャンスは「需要＞供給」が発生しているセグメントにあります。しかし、もし「需要＞供給」が発生しているセグメントが発見できたとしても、そのニーズを満たす価値を自社が提供できなければ、ビジネスにはなりません。したがって「提供価値の実現可能性」を客観的に見極めることも重要です。

⭕ 客層を考える

また、自社が提供する商品やサービスが高額な場合は、ターゲットがそれを購入可能な所得水準かどうかを確認すること、つまり年収や可処分所得でターゲットを選ぶことを忘れないようにしましょう。「ニーズがある＝購入できる」ではありません。

さらには商品を購入してもらえそうでも、客層が自社のブランドイメージや提供価値に悪影響を与えそうならば、ターゲットから外すことを検討せねばなりません。特に空間や体験が価値となるサービス業においては重要な視点です。たとえば静かで落ち着いた空間が価値になっている高級レストランやホテルにとって、大声で騒ぐような団体客は、たとえ売り上げ拡大につながりそうだとしてもターゲットから外す必要があるでしょう。

そして最後は広告や宣伝、販促などで、実際にアプローチできるかどうかを考えます。実際に商品化した際にターゲットに新商品の存在を伝えられなければ、売り上げにはつながりません。

> なかなかよいターゲットが見つからない場合は、セグメンテーションの切り口に問題があることが多いので、切り口を変えてみましょう。

STPを理解しよう③「ポジショニング」

このレッスンの
ポイント

ターゲットを絞ったとしても、**市場にはすでに競合がいる**ケースがほとんどです。そのため、競合にはない、自社独自の提供価値を見つけることが重要です。この競合との差別化を行うことを「ポジショニング」といいます。

● ポジショニングとは

ポジショニングとは、言い換えれば競合商品との差別化のことです（**図表18-1**）。いくらニーズやターゲットを絞り込んだとしても、他者と同じことをやっていれば誰も買ってくれません。たとえば宅配ピザで「熱々のピザを30分でお届け」というサービスが開始されたとき、競合には真似できない圧倒的な速さに加えて、ピザが冷めずに熱々なので、美味しさも担保されて「速さ」と「美味しさ」という掛け算で差別化が実現されていました。

しかし現在では当たり前の価値になっているので、テイクアウトでの大幅割引、2枚目は無料のような「お得感」や、さまざまなトッピングやピザを組み合わせられるという「カスタマイズ性」など、各社が自社ならではの価値づくりを工夫しています。

このような、「ターゲットニーズを満たす自社独自の価値」を専門用語で「USP」（Unique Selling Proposition）といいます。

▶ **ポジショニングの例** 図表18-1

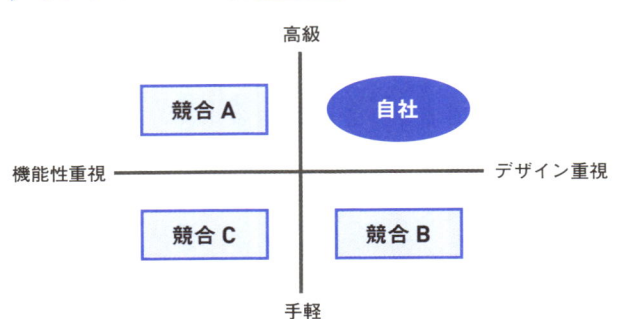

USPは「手軽←→高級」「機能性重視←→デザイン重視」など、2つの提供価値の掛け算で考えると見つけやすい。USPを明確にすることは、ポジショニングを考え、差別化を図ることと同義

● 身近にあるUSPの例

図表18-2 の例を見ながらもう少しUSPを掘り下げていきましょう。宅配ピザの場合、お得感やカスタマイズ性さえもすでに当たり前になっているため、新しいUSPを考えなければ差別化ができません。どうすれば差別化を実現できるでしょうか。1つの案としては、「美味しさ」という価値に再着目することが考えられます。一般的に宅配ピザはファストフード感覚で食べることが多いと思いますが、それに対して「本場ナポリで修行したピザ職人が石窯で1枚1枚焼き上げる」という本場感を売りにしたらでしょう。「窯焼きピザを30分でお届け」という新しいUSPが生まれ、差別化が実現されます。

別の例を見てみましょう。洗濯用の洗剤は、かつてはよりキレイにするには量を増やすというのが一般的でした。そのような時代においては、「スプーン1杯で驚きの白さに」というUSPが打ち出せれば差別化できていました。しかしすぐに多くの競合企業がそれを真似して商品化したため、いまではもうUSPとはいえません。そのため、「より少ない量でキレイになる」「除菌、抗菌までが可能になる」など、自社にしか提供できない独自価値を開発する必要があります。

このように、USPは競合が同じことを実現した時点で失われてしまうため、顧客ニーズをとらえることはもちろん、競合を常に分析し、USPをアップデートし続けなければなりません。

▶ USPの例 図表18-2

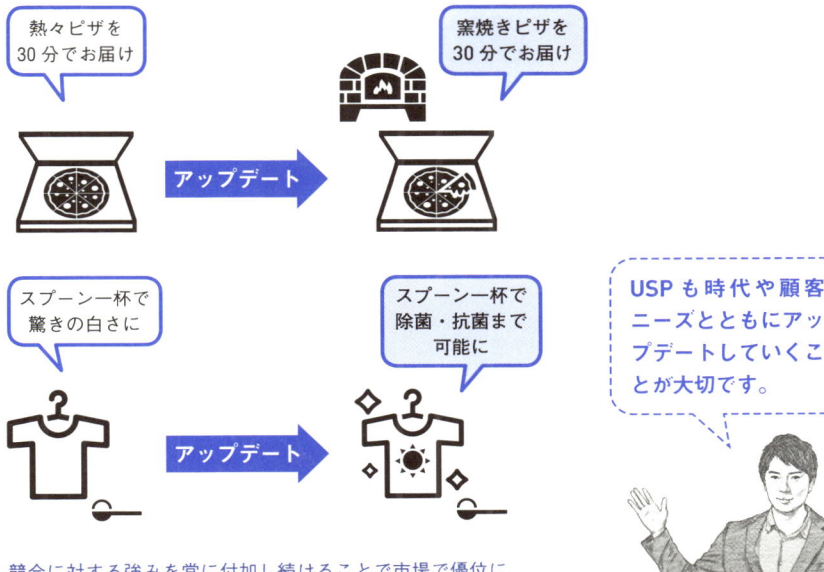

熱々ピザを30分でお届け

窯焼きピザを30分でお届け

アップデート

スプーン一杯で驚きの白さに

スプーン一杯で除菌・抗菌まで可能に

アップデート

USPも時代や顧客ニーズとともにアップデートしていくことが大切です。

競合に対する強みを常に付加し続けることで市場で優位になる

Lesson

19

[STP策定の事例]

[STP策定の事例]

STP策定をざっくり
体験してみよう

**このレッスンの
ポイント**

これまで**STP策定の基本**を解説してきましたが、実際にど のようなプロセスで分析を行うかのケーススタディに挑戦 してみましょう。イメージをつかむことが目的なので簡略 化していますが、参考になるはずです。

○ 60代シニア向けのマーケティング戦略立案の場合

あなたの会社が **図表19-1** のような和食の ファミリーレストランを経営していたと します。レストランの提供価値（USP） は素材にこだわった和食をお手頃価格で 食べられることです。実際にコストパフ ォーマンスがよいことが評判となり、節 約志向の高い人々の中心に、幅広い年代

が来店しています。しかし、想定ターゲ ットであった60代・定年退職したシニア の来店は芳しくありません。マーケティ ング担当者であるあなたは、シニア向け のマーケティング戦略を考え、売り上げ の拡大を実現することが目下のミッショ ンです。

▶ **和食のファミリーレストランの情報** 図表19-1

- **店情報**
  和食のファミリーレストラン

- **提供価値（USP）**
  素材にこだわった食材をお手頃価格で食べられる

- **現在の顧客**
  健康・節約志向の高い人／幅広い年代層

- **当初の想定ターゲット**
  60年代・定年退職したシニア層

実際は想定よりもシニア層の来店が少ないため、シニア向けのマーケ ティング戦略を考える必要がある

○ 顧客の満足度を調査してみる

マーケティング戦略立案でまず実施すべきは既存顧客の理解です。そのため、すでに来店してくれているシニアの顧客に対して、来店時の満足度などを把握する簡単なアンケートを実施しました。結果は **図表19-2** の通りです。

「満足している」と「まぁ満足している」が合計で25%、「どちらともいえない」が40%、「あまり満足していない／満足していない」が合計で35%という結果であり、残念ながら満足度が低いという結果になりました。この理由を集計してみると、満足者はコストパフォーマンスを評価しており、味やメニューも高評価であること

とがうかがえます。一方で、不満足者は店内が騒がしいこと、客層が若いこと、接客が元気すぎるなど店舗の雰囲気に不満を覚えており、料理の品質に対してもやや不満があります。 来店頻度別にHMLN分析をしたところ、ヘビーユーザーはコスパのよさとおいしさに非常に満足している一方で、「騒がしい店内は我慢していたが慣れた」ということが確認できました。多くの60代は騒がしさに慣れる前に来なくなってしまった、ということが想像できます。現在の店舗づくりの方向性が60代のニーズにマッチしていないようです。

▶ シニア向けアンケート結果（来店満足度調査）図表19-2

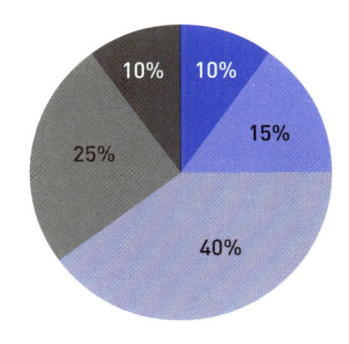

60代の来店満足度

- 10% / 10% / 15% / 40% / 25%

■ 満足している　■ まぁ満足している
■ どちらともいえない
■ あまり満足していない
■ 満足していない

※直近1か月に店舗に来店した60代回答結果（100名分）

満足の主な理由

- ✔ 料理のコストパフォーマンスがよい（20件）
- ✔ おいしい（15件）
- ✔ 健康によさそうなメニューが多い（10件）
- ✔ 接客が元気で気持ちよい（5件）

不満の主な理由

- ✔ 店内が騒がしい（70件）
- ✔ 客層が若くて落ち着かない（40件）
- ✔ 料理の品質が少し物足りない（20件）
- ✔ 接客が元気すぎて疲れる（15件）

来店者へのアンケート結果から、現状の店舗づくりがターゲットと合致していないことがわかった

⬤ セグメントからターゲットを定める

あわせて、今度は店舗来店者に限定せずに、集客したい60代・定年退職したシニア層のライフスタイルや価値観を把握する調査を実施しました。1日の時間の過ごし方、出かける頻度や場所、お金をかけたいことなどを調べることで、ビジネスチャンスを発見するためです。

その結果、「いま興味があってやりたいことは何ですか?」という質問をしたところ、上位2つは「のんびり過ごす」「配偶者との時間を大切にする」であり、次いで「国内旅行」「海外旅行」が続きました。60代は「配偶者とのんびり過ごしたい」というニーズが最も大きいことが確認できました。ただ、ひと口にのんびり過ごすといっても過ごし方やお金の使い方はさまざまであると想像できるため、ニーズに差がありそうな「過ごし方×世帯年収」

の切り口で「のんびり過ごしたい」を細分化します。これがセグメンテーションですね。さらにセグメントごとにお金を使いたいこと・セグメントごとの想定人口数まで算出したのが **図表19-3** です。

ここでは9つのセグメントが作成されています。これらのセグメントの中から、前述のターゲティング視点を踏まえ、今回は「自宅でのんびり×世帯年収300万円以上600万円未満×食にはお金をかけたいと思っている」セグメントをターゲットに選定しました。これがターゲティングです。人口数が比較的多いことに加えて、自社の提供価値である「素材にこだわった手頃な和食」と親和性の高い「食への投資意向」、購買力に直結する「外食する金銭的余裕がある年収」などを総合的に考慮した結果です。

▶ セグメンテーションとターゲティング 図表19-3

	世帯年収 300万円未満	世帯年収 600万円未満	世帯年収 800万円以上
自宅で のんびり	50万人 基本は倹約	70万人 食にお金をかけたい	50万人 インテリアには お金をかけたい
近場で のんびり	150万人 カフェはよく利用する	70万人 洋服にはお金を かけたい	30万人 宝飾品にはお金 をかけたい
旅行・遠出して のんびり	30万人 年に1回は国内 の温泉旅行	30万人 年に1回は近場 の海外旅行	10万人 できるだけ遠く の国に行きたい

ターゲット顧客

集客したいターゲット層への調査結果により、ニーズが明らかになった

◯ ポジショニングを考える

ターゲットが決まったら、ポジショニングを考えます。つまり、「自社にしか提供できない独自価値」（USP）を考えるということです。この際にターゲットへの提供価値を縦軸・横軸の2軸でマッピングするポジショニングマップを作成するとよいでしょう。今回のターゲットの価値観が「配偶者とのんびり過ごしたい」「食にはお金をかけたい」ですから、食事にまつわる提供価値軸を考えるのがよさそうです。縦軸に外食中心・家食中心、横軸には上質感重視とコスパ重視をとり、競合が提供しているサービスを配置したポジショニングマップが **図表19-4** です。すると、外食中心かつ高級コース料理ほどではないが、ある程度の上質感を求めるという提供価値が空白になっていることが確認できます。この空白地帯を埋める提供価値として、たとえば次のようなアイデアが考えられます。

シニアが訪れやすいある時間帯をシニアタイムとして年齢制限を設けたり、団体客や学生客をお断りするなどの工夫をすれば、現在の「騒がしくて落ち着かない」という既存顧客の不満を改善できるかもしれません。あるいは、シニア向けに特別プログラムを用意し、会員登録すれば通常よりも上質な素材をつかったメニューを提供。会費制にして会員のみが利用できる座席やスペースも用意するなど、現在の店舗やサービスをアレンジすることで、「のんびりと質の高い食事をしたい」というターゲットニーズを満たせるかもしれません。思い切って「完全会員制のファミレス」という新しい店舗形態に挑戦する、という意思決定があってもよいでしょう。このような流れがSTP策定です。

▶ ポジショニングマップ 図表19-4

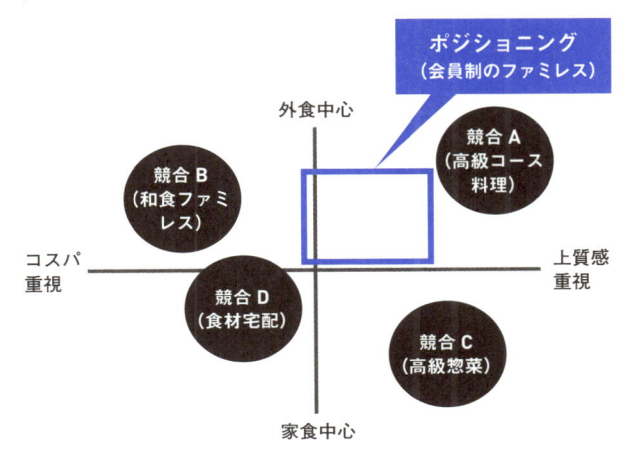

ターゲットは、「自宅で配偶者とのんびり過ごしたい・食にはお金をかけたい・世帯年収300万円以上〜600万円未満の60歳以上の定年退職者」

① COLUMN

顧客ニーズはもう満たされている？

現代は物や情報があふれていて、多くの人にとって基本的なニーズは満たされています。そんな時代において満たされていない顧客ニーズを発見することは、窓の網戸の小さな小さな隙間を見つけていく作業になってしまいがちです。その小さな小さなニーズをとらえて開発された商品は、ユニークで面白いかもしれませんが、ビジネスとしては成立しないでしょうし、「この商品は本当に世の中に必要？」と思ってしまうことがあります。ポテトチップスを食べる専用の箸、30種類のハーブをブレンドしたお茶、などです。ポテトチップスは手で食べたあとに洗えばよいし、お茶は「せいぜい数種類のブレンドで満足すればよいのでは？」と思ってしまいます。もちろん、裏側には開発者の努力やマーケティング戦略があって、一生懸命そういったことに取り組んでいる人を否定したいわけではありません。

ただ、すべてのニーズを満たすというアプローチではなく、「本当に必要なニーズにフォーカスして、ほかのニーズを減らしていく」というマーケティングがもっとあってもよいように思います。多くの商品から選ぶのが楽しい、という購買体験があるのも理解していますが、選択肢が多すぎて選べない、選ぶのが大変でなんだかとても疲れた……、という購買体験が増えているのも事実でしょう。商品のラインナップを減らす、機能を減らす、広告を減らす……などなど。

ニーズを見つけるために多くの時間を費やし、売れない多くの商品を開発し、売れない商品を売るために多大な広告費をつかう。そして誰もが忙しい。なんだか誰も幸せになれない循環になっている気がするので、細分化しているニーズをまとめあげて、大ヒット商品が長く売れる、という状況にならないものかと思いもします。

そうした状況にするには、生活者としての私たちの価値基準を「増やすから減らす」へと変えなければいけません。とはいえ、現代は価値観が多様化する時代です。足元のビジネスで成果を出すにはそのトレンドにしっかり向き合わなければなりませんが、「減らすマーケティング」の可能性を頭の片隅には常に置いておきたいものです。

老子のいう「足るを知る」の精神ですね。

Chapter

3

マーケティング
リサーチの手法

第2章で解説した「環境分析」と
「STPの策定」は、いずれも顧客
や市場を理解するためにさまざま
なリサーチを活用しています。第3
章ではマーケティングリサーチの
手法について学んでいきましょう。

マーケティングリサーチの重要性

このレッスンの
ポイント

現代は価値観が多様化し、その変化が予測できない時代です。そのような時代では、リサーチの重要性が高まっています。**マーケティングリサーチ**を活用して、世の中や顧客の声に耳を傾け、価値観をしっかりととらえましょう。

● 本当に顧客を理解できているか

「顧客ニーズを理解することは大切ですよね?」と問われれば、誰もが「もちろんその通りです」と答えると思います。しかし、欧米に比べて、マーケティングリサーチに力を入れている日本企業は少ないといわざるをえません。広告費用に占めるマーケティングリサーチ費用の割合は、アメリカの半分、イギリスと比べるとわずか1/5というデータもあります（ 図表20-1 ）。マーケティング戦略を考えていくにあたって、顧客ニーズをどれだけ「正しく」理解できているかは、戦略全体に大きな影響を与える事柄です。

▶ 広告費に占めるマーケティング費用の割合 図表20-1

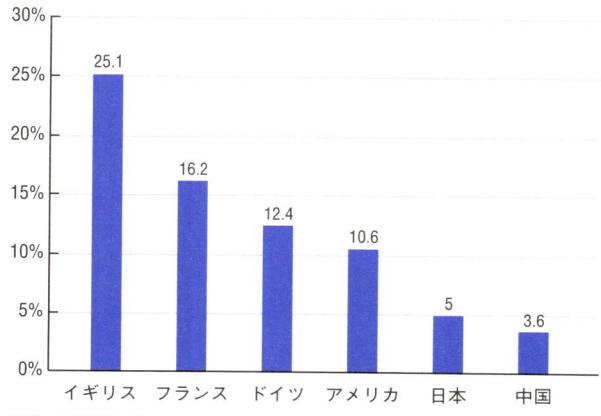

出所：ESOMAR, Global Market Research 2017/9より
日本は、欧米に比べて広告費用に占めるマーケティングリサーチ費用の割合が非常に少ない

予測できない価値観の変化

日本でマーケティングリサーチへの投資が少ない理由の1つには、日本企業の多くを占める中小企業の経営や意思決定が、ほとんど経営者の経験や直感でなされている、ということが挙げられるでしょう。経営者として意思決定できることは大切なことであり、経験や直感が重要な場面も多々あります。しかし世の中の価値観や顧客ニーズが短いスパンで変化している時代において、自分の経験を過信するのは大きなリスクともいえます。

ここで価値観の変化を象徴している調査結果を紹介します。ベネッセの調査結果によると、2009年の男子中学生のなりたい職業は1位が野球選手、2位がサッカー選手、3位が芸能人でした。30～40代の方にとって、この結果は肌感覚に合うものでしょう。それでは時計を進めて2017年の男子中学生のなりたい職業TOP3は何だと思いますか？ こちらはソニー生命による調査結果ですが、1位がITエンジニア・プログラマー、2位がゲームクリエイター、3位がYouTuberでした。トップ3のすべてが入れ替わっています。調査主体が違うので単純比較はできませんが、それでも中学生の価値観が、時代を反映して大きく変化していることがうかがえます。

> この調査結果を正解できた人は少ないと思います。筆者自身、自分の過去の経験からでは今の世の中をとらえられないと痛感しました。

多様化・複雑化する価値観

価値観の大きな変化は、世代の違いだけではありません。グローバル化の影響も考慮する必要があります。たとえば日本を訪れる外国人数も年々増加しています。観光庁の調査によると、2018年の訪日外国人旅客数は約3,119万人であり、2011年の622万人の5倍です。こうした影響もあって、海外で流行っている商品やサービスが日本にも増えており、日本市場でも海外商品が競合になっています。また、海外からやってくる人たちはファッションスタイルや自己主張の方法、生活習慣や働き方などさまざまな点が日本人とは異なるため、価値観形成にも影響を与えているでしょう。

人は誰でも、自分が経験した過去の延長や、自分が接点を持っている世界の価値観を通して物事を考えるものです。これは避けられない習性といってもよいでしょう。この習性を受け止め、「自分はすべてを理解しているわけではない」という謙虚な心で、世の中の価値観やニーズを客観的に把握してく姿勢、ひいてはマーケティングリサーチが必要なのです。

［マーケティングリサーチの活用］
意思決定のための
マーケティングリサーチ

このレッスンの
ポイント

世の中や顧客の声を集めるために行うのが**マーケティングリサーチ**です。**マーケティングリサーチは顧客や市場を理解できるだけでなく、戦略を立てるうえでの**意思決定にも活用**できるなど、さまざまなメリットがあります。**

● マーケティングリサーチとは

マーケティングリサーチとは、「マーケティング活動に必要なあらゆる情報を集め、分析し、具体的なアクションや意思決定につなげていくこと」です（**図表21-1**）。あらゆる商品やサービスにはターゲットとする顧客や市場、そして満たすべきニーズがあります。顧客のニーズや声（意見や不満、アイデア）に耳を傾け、既存商品の改善や新商品開発、魅力的なコピーライティングなどにつなげることで、マーケティングの成功確率が高まります。顧客をどれだけ「正確に、深く」理解できているかは、マーケティングの成否を左右します。

▶ **「リサーチ」はマーケティング活動を円滑に行うための「ツール」** 図表21-1

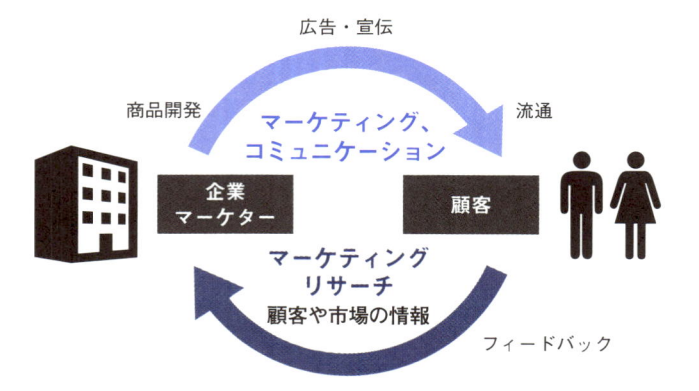

マーケティングリサーチとは、マーケティング活動に必要なあらゆる情報を集め、分析し、具体的なアクションや意思決定につなげていくこと

◯ 顧客をより深く理解する

マーケティングリサーチで顧客理解が深まることを簡単な事例で確認しましょう。男性・30歳・会社員・既婚であるAさんの1週間に関して、図表21-2 のような情報をあなたが持っていたとします。ここから、「引っ越しが決まって、新生活の準備をしている？」「30歳という節目の年齢で何となく健康意識が高まりはじめた？」というAさんの価値観やライフスタイルを推測できます。さらにリサーチによって「配偶者が妊娠中、直近の健康診断で要経過観察が増えた、今年に入って課長に昇格した」という顧客情報を得られた場合、Aさんの価値観やライフスタイルに対する仮説が次のように深まるでしょう。

「Aさんは間もなく子どもが生まれて一家の大黒柱になる。また会社では管理職。背負うべき責任が増えたので、働き続けるための身体づくりに本格的に取り組みはじめている？ また昇格も重なったので、心機一転して耐久財の買い替えを検討している？」という具合です。

▶ 30歳・会社員・既婚のAさんに関する1週間の情報 図表21-2

- ・価格コムで冷蔵庫を何種類か閲覧している
- ・レクサスとプリウスの Web 広告をクリックしている
- ・SUUMO や HOME'S など住宅情報サイトにも訪れている
- ・ABC マートに来店している
- ・アルコール飲料の購入量が減少している
- ・楽天市場で青汁を 4 箱購入

マーケティングリサーチによって、これらのAさんの行動の動機が理解できる

👍 ワンポイント　マーケティングリサーチはイノベーションに不要??

「イノベーションにマーケティングリサーチは不要だ」という主張がありますが、その前提には「リサーチすればイノベーションや新商品のアイデアが必ず見つかる」という誤解があるうえに、「マーケティングリサーチ＝アンケートやインタビュー」のように極めて狭義な概念として理解されているケースがあるようです。

世の中や市場に関する情報を集め、顧客のニーズや声に耳を傾ける。そして新しい価値・商品の創造のヒントを見出していくというアプローチは、あらゆるイノベーションの礎です。リサーチで得られる情報はあくまで判断材料の1つで、正しく活用すればマーケティングの成功確率を高められます。キャリアを積んだビジネスパーソンが、ある時点、あるテーマにおいてリサーチは不要、という領域に達することはあるかもしれません。しかし、これだけ変化が速い現代においては、リサーチをせず頭の中の時計を止めたままでいると、マーケティングやビジネスを成功に導くことが難しくなるでしょう。

● 顧客像の仮説を検証する

顧客情報が増えれば顧客理解が進み、顧客像の仮説をより明確にできます。

もし可能であれば **図表21-2** のAさんに直接、あるいはAさんと似たような属性を持つ顧客に直接インタビューを実施しましょう。顧客像の仮説が正しいかどうかを検証できるうえに、新しい発見が数多く得られるはずです。こうした顧客像の仮説構築と検証を繰り返すことで、顧客理解の解像度が高まっていくのです。

● マーケティングリサーチの意義

顧客や市場を理解するためのマーケティングリサーチ（以降、「リサーチ」も同義）ですが、ほかにも「勘や経験ではなく、客観的な情報や数値で判断できる」「多面的な視点で物事を見ることができる」「思いがけない発見がある」などさまざまなメリットがあります（**図表21-3**）。レッスン20で解説したように、現代は自分の経験や価値観がすぐに通用しなくなる時代です。リサーチによって顧客や市場の情報や客観的な数字を集めて意思決定につなげることで、マーケティングのみならずビジネス全体の成功確率も高められます。

▶ リサーチはビジネス成功のカギ 図表21-3

リサーチを実施しないと	経験・勘・度胸で意思決定	成功率が低くなる

- ① 客観性に欠ける（特定の人の意見で決まりやすい）
- ② 経験には限界がある（すべてを経験することはできない）
- ③ 市場の大きな変化に対応できない（未来は「自分の」過去の延長線上にはない）

リサーチを実施すると	データを活用して意思決定	成功率が高くなる！

- ① 客観的な数値で議論できる（建設的な議論ができる）
- ② 多面的な視点で議論できる（他人の経験から学び、思い込みを排除できる）
- ③ 思いがけない発見がある（作り手側が気づかないニーズやアイデアが得られる）

リサーチの有無によってビジネスの成功確率が大きく変わってくる

● マーケティングリサーチの活用シーン

リサーチは、**図表21-4** のようにマーケティングプロセスのあらゆるシーンで活用されています。マーケティングの入り口である「環境分析」での活用はもちろんのこと、商品コンセプトの開発やマーケティングミックスの策定、マーケティング施策実行後の効果測定など、マーケティングプロセス全体を、さまざまなリサーチや分析が支えています。

▶ マーケティングリサーチの活用シーン **図表21-4**

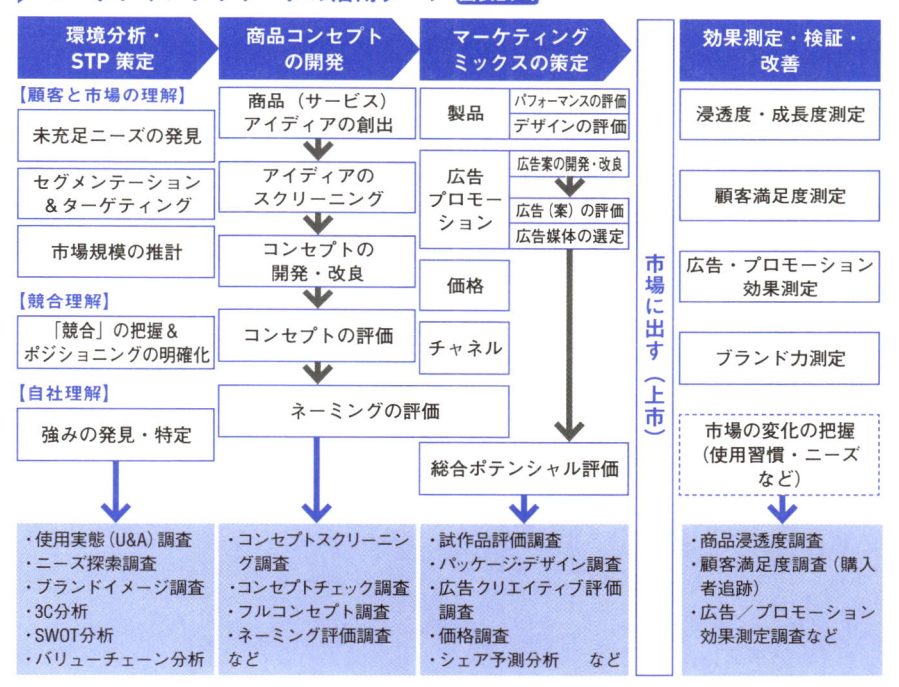

「環境分析・STP策定」 →「商品コンセプトの開発」 →「マーケティングミックスの策定」 →「効果測定、検証、改善」の各プロセスでリサーチは活用できる

● リサーチは必須ではない

マーケティングプロセス全体で活用可能なリサーチですが、社内にすでに必要十分な顧客情報がある、顧客のことが十分に理解できている、マーケティングが失敗しても構わないならば、必ずしもリサーチは必須ではありません。リサーチには手間やコストがかかるため、「○○がわからない」「○○がわからないとアクションや意思決定ができない」「マーケティングの成功確率を高めたい」という場合に実施しましょう。繰り返しますが、「わかった気にならない」点は注意してください。

[リサーチ手法]

22 目的からマーケティング リサーチの手法を選ぶ

このレッスンの ポイント

マーケティングリサーチを単なるアンケートだと誤解して いる人も多いと思いますが、マーケティングリサーチには さまざまな種類の手法があります。このレッスンでは代表 的な手法の種類と特徴を理解しましょう。

○ 代表的なマーケティングリサーチの手法

一口にマーケティングリサーチといって もさまざまな手法があり、それぞれメリ ットやデメリットがあります。そのため、 各手法の特徴を理解して使い分けること が重要です。**図表22-1** は、代表的なマー ケティングリサーチの手法と特徴をそれ ぞれ一覧にしたものです。

▶ 代表的なマーケティングリサーチの手法 **図表22-1**

デスクリサーチ Web・新聞・出版物の掲載情報や、さまざまな調査会社や政府機関がすでに取得、公表している統計データを収集する手法	**インターネットリサーチ** インターネットとリサーチシステムを使って、アンケートの依頼・回収を実施する手法
ログデータ分析 POSなどの購買履歴、サービス利用履歴、アクセスログなど、蓄積された行動履歴を分析する手法	**紙調査** アンケート用紙を配布、郵送して回答、返送してもらう手法
FGI（Focus Group Interview） 1グループ5〜6人程度で対象者をグルーピングし、モデレーター（司会者）のリードで座談会形式で意見を収集する手法	**訪問調査** 対象者の自宅に訪問して実態把握する手法
DI（Depth Interview：デプスインタビュー） 対象者と1対1で、インタビュー形式でヒアリングを行う手法	**会場調査・HUT（Home-Use-Test）** 調査会場へ来場、または試供品を自宅で受け取ってもらい、実際に見る、触る、食べるといったアクションをしてもらいながら意見を集める手法
観察調査 対象者の行動や動作、施設の実態などを観察、記録する手法	**電話調査** 電話を使った調査

マーケティングに非常に力を入れている企業では、ここにあるほとんどの手法を実施している

○ 各リサーチ手法の評価

リサーチの手法には 図表22-2 のようにさまざまなものがありますが、手法を選ぶ際はまず、その手法が「マーケティングリサーチの目的＝なぜリサーチをするのか？」を満たせるかどうかを考えます。リサーチの目的には大きく2つあり、1つは現状や実態を理解するための「探索型」、もう1つは仮説や効果を測定・検証する「検証型」です。たとえば子育て夫婦の生々しい悩みを知りたいならば夫婦それぞれへの探索型インタビュー、新しく開発した商品の味やパッケージデザインを評価してもらいたいならば検証型の会場調査、夕食メニューや調理手順を把握したいならば料理中の様子を直接確認する探索型の観察調査など、リサーチ目的によって最適なリサーチ手法は異なります。それから、コスト（リサーチで必要になる費用）やスピード（情報を得るまでに必要となる期間）、エリア（リサーチが実施可能なエリア）、情報の深さ（どれだけ顧客ニーズやインサイトに迫れるか）、情報の精度（取得した情報がどれだけ信頼できるか）、加工容易性（取得したデータを手軽に分析できるか）などを総合的に考慮して選んでいきます。

▶ 各リサーチ手法の特徴 図表22-2

調査手法	コスト	納期	調査可能エリア	情報の深さ	情報の精度	加工容易性	備考
デスクリサーチ	◎	◎	◎	×	×	△	情報ソースを探せるかが鍵
ログデータ分析	△	◎	◎	△	◎	×	事実ベースの実態把握
FGI	△	×	△	○	◎	△	モデレーターが鍵
DI	△	×	△	◎	◎	△	インタビューアーが鍵
会場/HUT	○	△	△	◎	○	○	試飲・試食が可能
インターネットリサーチ	◎	◎	◎	○	○	◎	Web回答者に限る
紙調査	◎	○	○	○	○	○	手軽にはじめられる
訪問調査	×	×	△	◎	◎	△	生活感の把握に
観察調査	×	×	×	◎	◎	×	観察力が求められる
電話調査	△	○	◎	△	○	△	シニアが得意

インターネットリサーチと紙調査が最もコストパフォーマンスにすぐれているといえる

23

[定量調査と定性調査]

定量調査と定性調査の違いを理解する

このレッスンの
ポイント

マーケティングリサーチの手法はさまざまですが、得られる情報の性質から**定量調査と定性調査**に分類できます。リサーチの実務現場では非常によく使われる言葉なので、基本的な概念をしっかり理解しておきましょう。

○ リサーチから得られる情報の性質を理解する

リサーチ手法は得られる情報の性質から、定量調査と定性調査に分類することができます（**図表23-1**）。

定量調査は、傾向や割合、ボリュームなど結果が「数値」で表される調査を指します。結果の解釈やデータ集計がしやすいのが特徴で、顧客ニーズを大雑把に把握する際や、仮説検証、広告の効果測定などによく利用されています。インターネットリサーチ、郵送調査、電話調査、訪問調査、会場調査などは定量調査です。

定性調査は、数値になかなか表れてこない個人の気持ちや想いを「言葉」で把握する調査を指します。

👍 ワンポイント　定性調査よりも定量調査が人気？

定量調査と定性調査は得られる情報の質が違うことが特徴ですが、一般的に活用されているのは定量調査です。その最たる理由は「手間・時間・コスト」です。紙調査の場合、自分でアンケートを作成して配布すれば手軽にはじめられるし、コストも一切かかりません。手軽で安価に実施できるインターネットリサーチも調査会社に依頼すれば数万円・数日で実施できます。もちろん、数百名の回答をしっかり集めると50万円〜100万円、期間も数週間は必要になります。デプスインタビューも自分で実施すればコストはかかりませんが、事前準備から実際のインタビュー、とりまとめなどをきちんと行うと、多くの手間と時間がかかります。調査会社に依頼する場合はおおよそ1人あたり10万なので、10人で100万円、期間も1〜2か月かかります。定量調査に比べると定性調査のほうが手間も時間もお金もかかるので、実施のハードルは高いといえるでしょう。マーケティング業界で働く人々は大変忙しく、日々スピードを求められるのでなおさらですね。

◯ 目的に応じて組み合わせる

たとえば30代・女性・既婚・子どもありの10人に対して「育児に関するインタビュー調査」を実施した場合、「毎日、育児と仕事の両立で本当に忙しいけど、基本的に充実している。ただ本当はもっとパートナーとの時間を持ちたいし、2人でデートもしたい。そういえば今年は結婚記念日祝ってないなぁ……」のように、数字ではとらえにくい個人の気持ちや想い、価値観、感情の機微などを把握できます。こうした意見は十人十色であるため結果を数値で集計することが難しい一方で、言葉だけでなく表情や声のトーン、ジェスチャーなどからも情報を得られるため、さまざまな発見や気づきを得ることができます。レッスン22の **図表22-1** のうち、グループインタビュー（FGI）、デプスインタビュー、観察調査などが定性調査です。仮説を発見、構築したい際に活用されています。定量調査と定性調査はどちらがすぐれている、ということではなく補完関係にあります。調査目的に応じて適切な使い分けや組み合わせを考えることが重要です。

▶ **定量調査と定性調査** **図表23-1**

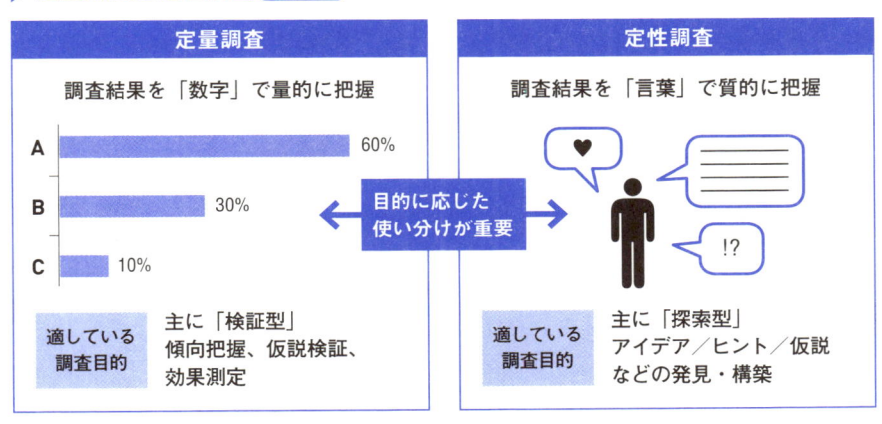

定量調査と定性調査それぞれの特徴を理解して、組み合わせて使うのがベスト

> 以降のレッスンでは、マーケティング業界で特に活用が進んでいる「デスクリサーチ」「インターネットリサーチ」「インタビュー」の3つについて詳しく解説していきます。

24 質の高いデスクリサーチの実践方法

このレッスンの
ポイント

Web検索を中心に誰もが多くの情報に無料でアクセスできるため、デスクリサーチの技術の有無が、得られる情報に差を生むようになりました。本レッスンでは質の高いデスクリサーチを実践する考え方をお伝えします。

⬤ デスクリサーチとは

デスクリサーチとは、Webや新聞、雑誌といったメディアに掲載された情報、政府機関や調査会社がすでに取得、公表しているデータを集める手法です（図表24-1）。インターネットの普及によって誰もが当たり前のように実施できるようになりました。

インターネットが普及する以前は、現在のように誰もが多くの情報に無料でアクセスできる環境は存在しませんでした。そのため、特定のテーマや分野について広く、体系的に情報を集めたい場合は調査会社へ依頼するのが一般的でしたが、現在では、デスクリサーチは調査会社や特定の人々の技術ではなく、生活やビジネスにおいてごくごく当たり前の活動になっています。

▶ デスクリサーチ 図表24-1

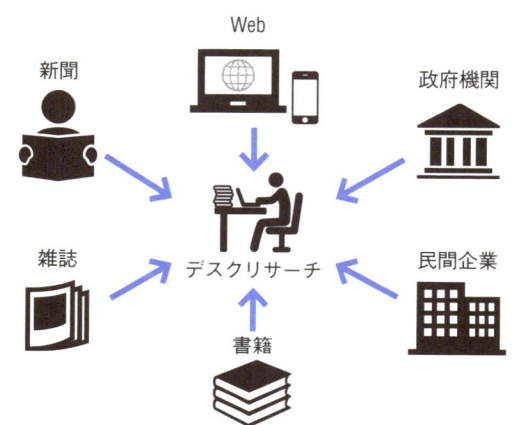

デスクリサーチとは、「デスクにいながらできる調査」のこと

○ デスクリサーチの罠

デスクリサーチが一般化しすぎた結果、問題が起きました。リサーチ時に必要な「情報信頼度の見極め」というプロセスが欠落してしまったのです。調査会社が実施するデスクリサーチは、情報の信頼性や妥当性をチェックし価値ある情報のみを提供していたのですが、情報発信者も収集者も一般化した結果、玉石混交の情報が膨大に生まれてしまったのです。

たとえばターゲットを考える際に重要になる「平均年収」というキーワードでGoogle検索すると、実にさまざまな情報が表示されます。そして検索結果の上のほうに表示されるサイトだからといって、内容が正しいとは限らないのです。

筆者の経験ですが、ある大手企業サイト上の情報と国税庁が公表している平均年収情報を比較したところ（図表24-2）、100万円以上数字が違っている年代がありました。年収が100万円違えば可処分所得も当然違うため、マーケティング施策に影響が出てきます（実際には単純なデスクリサーチの結果のみでターゲット層の年収を決定することはないと思いますが……）。

▶ 平均年収のデスクリサーチ結果（平成27年度）図表24-2

あるサイトの情報

年代	男性
20代	374万円
30代	501万円
40代	616万円
50代	744万円

数字が大きく違う……

国税庁実施の民間給与実態統計調査（H27 年 12 月 31 日時点）

年代	男性
20-24	253万円
25-29	352万円
30-34	397万円
35-39	432万円
40-44	462万円
45-49	486万円
50-54	509万円
55-59	491万円

デスクリサーチの結果取得できたデータが正しいとは限らない。実際に、あるサイトから入手した年収データと国税庁が公表しているデータには大きな違いがあった

調査対象者や集計方法によって数字が違うのは当たり前であり、自分が得たい情報に近い対象者、集計方法はどちらかということは必ずチェックしなければなりません。

● 5W1Hで情報ソースをチェックする

Webを使ったデスクリサーチには前述のような注意点があるものの、利便性、速報性の観点から実務上はメインの手法であり続けることには変わりません。そこでデスクリサーチの際には 図表24-3 の5W1Hをチェックするよう心がけてください。5W1Hは、What（収集されている内容は何か）、Whom（誰を対象にして収集した情報か）、Who（誰が収集・編集した情報か）、Why（情報発信や情報収集の目的）、When（情報が収集された時期や期間）、How（情報収集の方法）です。誰がどんな目的でその情報を発信しているかをチェックすることで、情報を正しくとらえられます。

▶ **デスクリサーチ時のチェックポイント** 図表24-3

What：収集されている内容
リサーチ目的に合致する内容が収集、編集されているかを確認。目的に合致していなければそもそも意味をなさないので、しっかり確認する

Whom：誰を対象にして収集した情報か
特に数値やグラフが引用されていた場合、誰を対象者とした結果なのかを確認する。たとえば記事や文章の中で20代女性のことを記述していたとしても、引用されている数値は女性全体や女性20〜39歳など、対象者が違っていないかを確認する。前述の年収の差は、「調査対象者の違い」が原因

Who：誰が収集、編集した情報か
データの収集者、編集者を確認する。すべての情報は何らかの意図のもとで発信されている可能性がある。そのため情報発信者の業界、職業などと利害が一致するポジティブなデータのみが採用されている可能性も。「語られていないことが何か」に着目することが大切

Why：情報発信や情報収集の目的
そのデータが何のために発信、収集されているのか。情報発信の目的が第三者としての実態把握や事実の伝達であれば「客観的な情報」ということが重要になるので信頼性は高い。一方、広告宣伝目的、営業目的の文脈であれば、そのような意図を加味して情報を解釈する必要がある

When：情報が収集された時期、期間
いつ収集、編集されたデータか。Webの記事はよくも悪くも、新しい情報と古い情報が混在している。特に市場規模やトレンド、生活者意識など、年月の経過とともに大きく変わり得る情報を探している場合、情報の鮮度（いつ収集されたものか）は非常に重要となる

How：情報が収集された方法
参照する情報がどのような手段で収集されたのか、収集方法が信頼できるか、信頼できる範囲はどの程度かを確認

発信されている情報が、誰のどんな意図によるものなのかを把握することがデスクリサーチでは重要

○ 信頼できる情報ソースを知る

すべての情報を [図表24-3] の視点でチェックするのはとても骨が折れるし難しいと思いますが、視点として常に意識するだけでも価値があります。「情報の信頼度はどれくらいだろう？」という意識を持ち続ければあなたの情報感度は高まり、情報を鵜呑みにせず、ある程度の幅をもって解釈できるようになっていきます。また情報氾濫の現代においては、信頼できる情報がどこにあるのか？ をあらかじめ知っておくことも重要です。誰もが情報発信できる時代になったからこそ、発信する情報の信頼度や精度にこだわり、手間暇をかけてつくられている情報の価値が高まっています。以下に、主にマーケティングや商品開発の実務で役に立つ情報ソースをいくつか紹介しておきます（[図表24-4] [図表24-5]）。知っているだけで、マーケティングに役立つマクロな統計情報から生活者を対象としたトレンド調査結果など、幅広い情報を無料で収集できます。

▶ 政府が公表している統計情報（無料） [図表24-4]

名称（提供元）	URL	説明
総務省統計局の公表データ	http://www.stat.go.jp/	人口統計や消費者物価指数など、国勢調査にもとづくデータが公開されている
情報通信白書（総務省）	http://www.soumu.go.jp/johotsusintokei/whitepaper/	インターネットやスマートデバイスの利用者に関するデータなど、ICT関連の各種データが公開されている
消費動向調査（内閣府）	http://www.esri.cao.go.jp/jp/stat/shouhi/menu_shouhi.html	消費者の意識や物価の見通し、世帯年収など、国民へのアンケート調査などを通じて収集したデータが公開されている
世論調査（内閣府）	https://survey.gov-online.go.jp/index.html	世論調査の結果が公開されている

▶ 民間企業が公表しているマーケティング関連情報（無料） [図表24-5]

名称（提供元）	URL	説明
生活定点（博報堂生活総研）	http://seikatsusoken.jp/teiten/	博報堂生活総合研究所による定点調査。24年分の生活者観測データ約1,500項目が公開されている
HoNote（マクロミル）	https://www.macromill.com/honote/	生活者の「ホント」と「ホンネ」がわかる調査結果サイト。調査会社の自主企画調査が毎週更新されている
オリコン日本満足度調査（オリコン）	https://cs.oricon.co.jp/	日本で流通しているサービスや商品に対して、オリコンが独自に行っている満足度調査
日経企業イメージ調査（日本経済新聞社）	https://www.nikkei-koken.gr.jp/publication/publish.php?recno=714	日経が40年以上にわたり、企業イメージを大規模に測定している調査

[インターネットリサーチ]

25 インターネットリサーチは 調査企画の設計が肝

**このレッスンの
ポイント**

この10年で最も普及したリサーチ手法は**インターネットリサーチ**です。従来の調査手法と比べると、顧客の声を速く、安く、手軽に入手できることが大きな魅力です。インターネットリサーチの基本的な内容を理解しておきましょう。

○ 活用が進んでいるインターネットリサーチ

レッスン24で解説したデスクリサーチでは、ほしい情報をピンポイントで収集するのは困難です。そんなケースで有効なのが 図表25-1 のインターネットリサーチです。

インターネットリサーチでは、リサーチに協力してくれる調査会員にメールやアプリ経由で調査依頼を送り、スマートフォンやタブレット、パソコンなどから回答してもらいます。紙ではなく専用のリサーチシステムを活用するため、回答結果がリアルタイムで集計され、速く、安く、手軽にリサーチできるのがメリットです。調査内容によって金額やスケジュールは変動しますが、10問100人の調査であれば5万円、発注翌日にデータ受領という圧倒的な安さとスピード感で調査可能であり、今ではマーケティング関係者に限らず多くのビジネスパーソンが活用している調査手法です。

▶ **インターネットリサーチの仕組み** 図表25-1

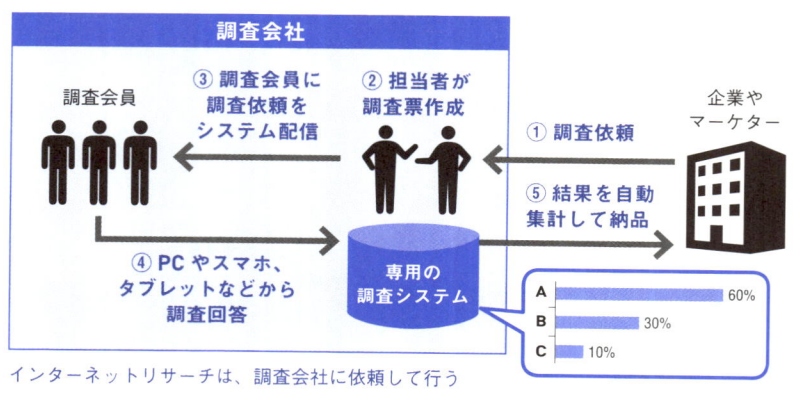

インターネットリサーチは、調査会社に依頼して行う

リサーチにも企画書が必要

デスクリサーチであれば自分自身でリサーチが完結しますが、インターネットリサーチを実施する際には調査会社の協力が必要となります。調査会社を使いこなしてアクションや意思決定につながるリサーチを実施するには、調査に必要な基本情報を「調査企画書」へ落とし込むことが必要です。調査企画書は調査を成功させるための地図のようなものであり、正確に、抜け漏れなく考えていきます。調査企画で考えるべきことは、①調査目的（何のために、どのような情報を得たいのか）、②対象者条件（誰に調査をすれば得たい情報が得られるか）、③調査項目（得たい情報をどのように聴取する

か）、④調査手法（どの手法を使って情報を得るか）、⑤調査時期（いつまでに情報を得ればアクションや意思決定につながるか）です（**図表25-2**）。

まず考えるべきは調査目的です。たとえば「既存顧客に対して自社商品の満足度を把握し、商品改善につなげたい」「60代のライフスタイルを把握して、シニア向けの新しいビジネスプランを考える」「競合商品の購入者に対して購入理由や満足度を把握し未充足ニーズを発見したい」など、さまざまな目的の調査があります。対象者条件、調査項目、調査手法などはすべて、調査目的が達成できるよう設計していきます。

▶ **調査企画で考えるべきこと** **図表25-2**

対象者条件（誰に）	調査時期（いつ）
調査目的を達成できる 対象者は誰か／ 何人の情報が必要か	意思決定、アクションに 反映できるタイミングか／ 季節要因は考慮されているか
調査項目（何を）	調査手法（どうやって）
意思決定、アクションに 必要な情報は何か	必要データは どのような性質か／ 納期／予算

調査目的
（何のために）

マーケティング部門が中心となりこのような観点でリサーチ企画を立てる

実際に調査会社を活用してインターネットリサーチを行う場合は、調査の背景、目的、地域、対象者条件、サンプルサイズ、手法、項目、時期、業務範囲、予算など、実務的に必要となる詳細情報まで調査企画書に落とし込む必要があります。

[インタビュー]

26 リアルな感情をリサーチできる インタビュー調査

**このレッスンの
ポイント**

インターネットによる情報収集やコミュニケーションが活発な現代だからこそ、インタビュー調査の重要性が増しています。顧客のリアルな感情や気持ちにどれだけ触れているかが、本質的な顧客ニーズをとらえる際のポイントです。

○ インタビュー調査の種類

インタビュー調査には大きく2つの手法があります（**図表26-1**）。1つは「フォーカスグループインタビュー」（FGI）で、一般的には「グループインタビュー」と呼ばれます。対象者を6人くらい集め、あるテーマについて話し合いをさせる手法です。もう1つは対象者と1対1で行う「デプスインタビュー」（DI）という手法です。

▶ グループインタビューとデプスインタビュー　図表26-1

グループインタビュー

いろんな感想があるようだ

・・・

△△だ

インタビュアー

商品や
サービス

・・・

××だ

□□だ

デプスインタビュー

こういう価値観や生活ぶりの人が買うようだ

家族環境

仕事観

嗜好

健康観

金銭感覚

インタビュアー

対象者

商品や
サービス

6人前後の対象者を集め、あるテーマについて「話し合い」をさせる手法。参加者同士の発言の相乗効果（グループダイナミズム）が期待でき、幅広い意見や多くのアイディアが聴取できる

対象者とインタビュアーが「1対1」で行うインタビュー手法。1つのことをより深く聴取できるとともに、デリケートなテーマでもしっかりと本音を引き出せる

⬤ グループインタビューの特徴

グループインタビューは数人が集まって話し合いをするため、その話し合いをどうマネジメントするかが成功の鍵となります。このマネジメントを行う人は「モデレーター」と呼ばれ、その業界の顧客や商品、サービスの深い理解に加えて、話し合いに参加する対象者のライフスタイルや価値観の把握、また、場を活性化するためのファシリテーション能力やコミュニケーション能力など、非常にハイレベルなスキルセットが要求されます。そのためグループインタビューの成否はモデレーターの質で決まるといっても過言ではありません。

⬤ デプスインタビューの特徴

デプスインタビューは、対象者とインタビュアーが「1対1」でインタビューする手法です。1つのことをより深く聴取できるのが特徴です。また、信頼関係を構築できれば、複雑な購買プロセスやデリケートなテーマでもしっかりと本音を引き出せます。たとえば住宅や自動車など、高単価かつ検討期間が長くて複雑な商材の購買決定ポイントの把握や、人前では話しにくい資産形成、教育、病気、美容などデリケートなテーマに関する考えをリサーチしたい場合に有効です。

ここでもインタビュアーに重要なのはコミュニケーション力です。特に傾聴力や質問力、そして何よりインタビュー相手に感謝しながら、共感を持ってインタビューするという相互理解の姿勢が重要です。高いコミュニケーション能力を持った人が実施するインタビューでは、本当に多くの気づきを得られます。

価値観の多様化、複雑化が進んだ現在は、1つのテーマでグループダイナミズムを生み出すグループインタビューは難しくなりつつあります。また情報過多により消費者自身も自分の考えを整理したり言語化したりするのが難しくなっていることなどから、インタビュアーが1人1人にきめ細かく対応できるデプスインタビューのニーズが高まっています。

> 私はこのデプスインタビューを高く評価しており、常日頃から社員に次のようなことを伝えています。「物事の現状把握にはインタビューが一番。関係者10人にインタビューすれば50％、20人で70％、30人にインタビューすればほぼ100％わかる。まず10人にインタビューしてみなさい。」

[事例]

27 リサーチから生まれた「第2の婚姻届」

**このレッスンの
ポイント**

このレッスンでは実際に私が担当した「第2の婚姻届」制作プロジェクトを題材にして、インターネットリサーチとインタビューの活用事例を紹介します。どのようなアウトプットが得られるかの参考にしてみてください。

⚪ 第2の婚姻届

共働きが当たり前の現代では、仕事と育児の両立は多くの人が頭を悩ませている問題です。特に小さなお子さんをお持ちの共働き世帯は多忙を極めており、出産後、急速に夫婦仲が悪くなる「産後クライシス」は社会問題にもなっていますね。私たちは夫婦仲が悪くなってしまう原因の1つに「大切な存在である配偶者とのコミュニケーションが希薄になっている」という仮説を立てました。そこで、結婚記念日を夫婦で祝い続けることを改めて誓う、新しい婚姻届というコンセプトの「第2の婚姻届」というプロダクトを制作し、コミュニケーションのきっかけづくりに取り組みました（**図表27-1**）。「第2の婚姻届」の中心には結婚記念日を大きく記入してもらい、さらに「将来のビジョンを共有しあう」「愛していると言葉で伝え合う」など、これから2人が実行していく約束事を確認するチェックボックスや、夫婦＋子ども全員が証人としてハンコを押す欄などが設けられています。

▶「第2の婚姻届」のイメージ　**図表27-1**

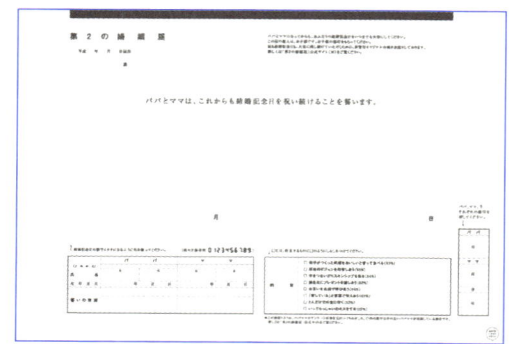

仲のよい夫婦関係を保ち続けるためのさまざまなしかけが設けられている

夫婦間の課題を可視化する

この「第2の婚姻届」はいくつかのインターネットリサーチ結果がベースになっています。図表27-2 は夫婦の生活実態を把握した調査結果です。夫婦間のコミュニケーション課題を可視化するために「普段の生活の中で課題に感じていること」「コミュニケーション課題を解決できているか」などを質問として聴取しています。

図表27-2 を見ると、普段の生活の中で感じている課題は、1位が「子育て」、2位が「家計管理」となっています。そして3位に「夫・妻とのコミュニケーション」が挙がっており、4位が「仕事」、5位が「家事」です。ここから、仕事や家事よりもコミュニケーション課題が大きいことが確認できます。またそのコミュニケーション課題に対して、改善策をとれているのは22.7%であり、約8割は改善策を見出せていないという結果となりました。

▶「第2の婚姻届」インターネットリサーチの結果① 図表27-2

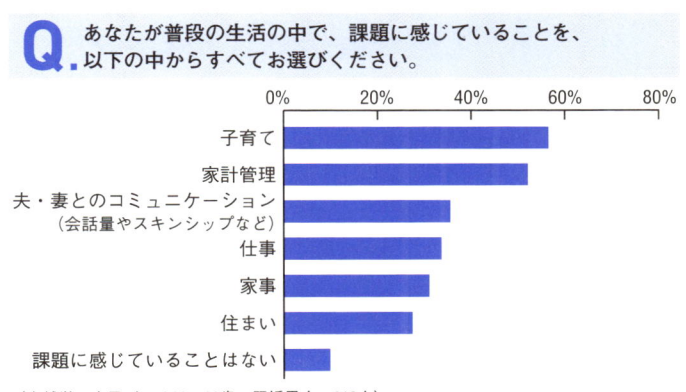

Q. あなたが普段の生活の中で、課題に感じていることを、以下の中からすべてお選びください。

（未就学の末子がいる20〜69歳　既婚男女　618人）

Q. あなたは、前問でお答え頂いた、「夫と妻とのコミュニケーションにおける課題」に対して、何らかの改善策をとれていますか。

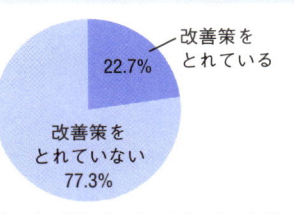

改善策をとれている 22.7%

改善策をとれていない 77.3%

（上記のうち、夫・妻とのコミュニケーションについて課題に感じている 220人）

調査対象：結婚経験があり、未就学の子どもがいる20〜69歳の男女722人
調査期間：2017年10月27日（金）〜10月29日（日）

リサーチの結果から、夫婦間の課題としてコミュニケーションが大きいことが見てとれる

○ 課題からプロダクトをつくりだす

さらに夫婦で行っているイベントを質問したところ **図表27-3** のような結果となりました。仲のよい夫婦の85%が実行しているイベントは「結婚記念日を祝う」であり、一方、離婚した夫婦の81%が結婚記念日を祝っていなかった、という結果が得られたのです。

さらに夫婦のコミュニケーションにおいてもっと言葉で伝えてほしいと思うことを質問した結果、仲がよい夫婦は1位「ありがとう」、2位「愛している」、3位「お疲れさま」であるのに対し、仲が悪い夫婦は1位が「ありがとう」であることは同

じですが、2位が「ごめんなさい」、3位「お疲れさま」という結果でした。仲のよい夫婦が求めているのは「ごめんなさい」よりも「愛している」だったのです。

これらの調査結果から、多くの夫婦がコミュニケーションを課題に感じていること、「結婚記念日を祝う」「愛しているを言葉にする」という言動が夫婦仲の決め手になりそうだということがわかりました。そして最終的にはコミュニケーションツールとして「第2の婚姻届」というアイデアにつながったのです。

▶ 「第2の婚姻届」インターネットリサーチの結果② **図表27-3**

Q. 直近1年以内に、あなたは夫・妻と一緒に、以下のことをしましたか。それぞれあてはまるものをお選びください。

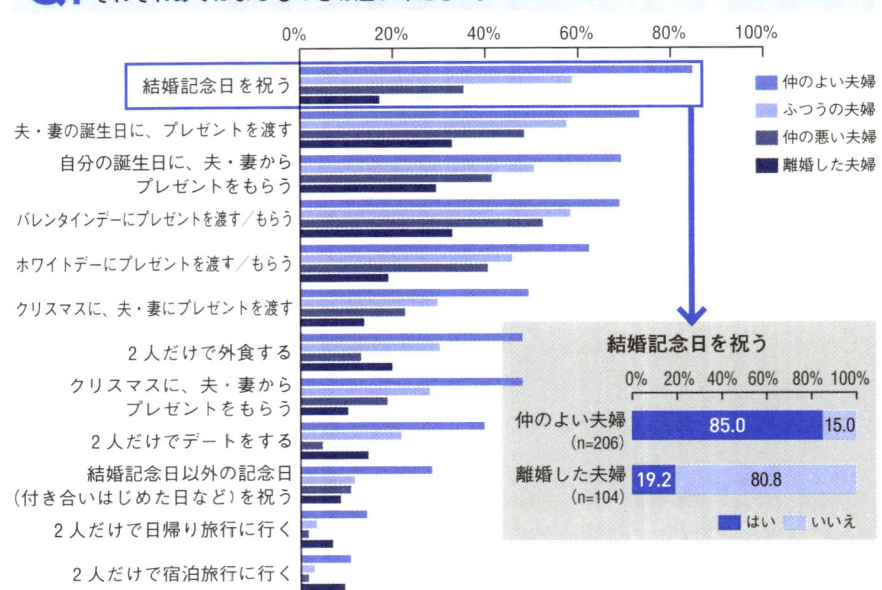

仲のよい夫婦のおよそ85%が結婚記念日を祝っており、反対に仲の悪い夫婦のおよそ81%が祝っていなかった

◯ デプスインタビューでリアルな反応を確認

このプロジェクトでは、「第2の婚姻届」のコンセプト評価、アイデアの再検討をインタビューで実施しています。インタビューは「1都3県に在住」「20〜49歳」「既婚・子あり」「男女それぞれ10人」という条件で実施し、**図表27-4** のようなコメントを得られました。

プロダクトのコンセプトにはおおむねポジティブな反応が得られ、特に女性からは使ってみたいという声が多く挙がりました。一方で男性は気恥ずかしさを口にしたものの、まんざらでもない反応を示しました。これらの結果から、プロダクトコンセプトは受け入れられそうだが、実際に使ってもらうための導線やきっかけづくりが重要だという課題を確認できたのです。

事前の定量調査でよい結果が得られていたとはいえ、インタビュー実施前までは不安があったのも事実です。しかし実際のターゲットの方々の反応を直接得られたことで不安が払拭され、自信を持ってプロダクト制作に集中できました。

このように、インタビュー調査には、プロジェクトメンバーや関係者間で共通見解を持て、一体感を生み出す力もあります。

▶ インタビューで得られたコメントの例 図表27-4

「第二の婚姻届」というコンセプトを提示してインタビューを行った結果、課題も浮き彫りになった

> 確かに配偶者に向き合ったコミュニケーションは減っていて、対策したいと思う（30代女性）

> とてもよいコンセプトだと思った。配偶者を大切にしたいと改めて思った（20代女性）

> 子どもにばかり気が向いていたけれど、夫を含めて家族だということに気づかされた。旦那から提案があったらぜひ使ってみたい（40代女性）

> 今さら結婚記念日を祝ったり、愛しているという言葉を伝えるのは気恥ずかしいけれど、第2の婚姻届というきっかけがあると後押しになりそう（30代男性）

> やったほうがよいと思うが、急にこういうことをいいだすと驚かれそうだし恥ずかしい。逆に色々と疑われそうでもある（40代男性）

なるべく身近に感じていただける例を紹介しましたが、インターネットリサーチやインタビュー調査を組み合わせることで、より深い顧客理解が可能です。

ⓘ COLUMN

ヒントはいつも現場にある

実は顧客ニーズをとらえる最も重要な方法は「現場に行く」ことです。原宿のパンケーキが大人気であれば足を運び、ヨガやストレッチがブームになっていれば自分もやってみて、AIスピーカーに注目が集まっていたらまずは家電量販店で使ってみる。金銭的に余裕があれば買ってみる。興味のあるなしに関わらず、自分がその商材のターゲットであるかどうかも関係なく、とにかく「実際に行ってみる」「やってみる」「触れてみる」ということが大切です。頭だけで理解したことと、実際に体感して理解したことには大きな隔たりがあります。

たとえばヨガやストレッチなど身体の柔軟性を高めるエクササイズが長らく人気を集めています。「健康増進のために意識の高い女性がヨガやストレッチをやっているのだよね。知ってる知ってる。」とわかったつもりになってはいないでしょうか。筆者も試しにヨガやストレッチをやってみてわかったのですが、はじめるきっかけは健康増進だとしても、続けているうちに「自分の身体の構造がわかって"面白い"」「やればやった分だけ身体がよくなるのが"楽しい"」という風に、知的好奇心が刺激される面白さや、改善実感を得られる楽しさなど、健康増進とは別の継続理由が生まれてきます。この面白さや楽しさという感情は、言葉で正しく伝えるのが難しい情報でもあり、実際に体験しないと正確にはわからないものです。現場に行く、実際にやってみることの最大のメリットは、感情を伴った情報を得られることといってもよいでしょう。特にマーケティング関係者は、多くの人々の心を動かしている場所、店舗、商品、番組、映画などを実際に体感する、ということをぜひ心がけてもらいたいと思います。人は誰もが、日々の生活を豊かに、楽しくしてくれるモノやコトを求めていて、そういったものにお金を使いたいと思っています。私たち自身も仕事から離れると、根っこの部分ではそのような気持ちで何を買うかを決めていると思います。多くの人々の心を動かしているモノやコトは、多くの人を幸せにしており、結果として大きなお金を生み出しています。人が集まっているところには人間の本質的欲求があるので、そこには必ずビジネスチャンスの種があります。こうした現場に行く・実際にやってみるというアプローチにもきちんと名前がついており、「フィールドワーク」といいます。もともとは研究者が研究対象となる地域や社会に赴き、その土地に暮らす人々との生活をともにし、交流しながらその地域や社会の文化、生活、社会の仕組みなどを把握するという社会調査の手法です。

> 誰もが効率やスピードを追求しているデジタル時代だからこそ、時間をかけてフィールドワークを実践しているかどうかが、顧客ニーズを発見するポイントになるでしょう。

Chapter

4

マーケティング
ミックスを策定する

環境分析を行い、STPで提供価値と差別化を明確にしたら、いよいよ提供価値を商品として具現化していきます。第4章では、マーケティング戦略をどのような商品に落とし込み、どのように価値を届けるかを考えていきます。

[4P]

28

価値を具現化して届ける マーケティングミックス

このレッスンの ポイント

「どのような商品にするか」「価値の届け方」を考えること を「マーケティングミックスの策定」と呼びます。このレッスンでは**4P**というフレームワークを活用して、マーケティングミックスの基本を解説していきます。

○ マーケティングミックスの代表選手「4P」

マーケティングミックスとは、STP分析 で策定したターゲットに対して、USPを 「どのように具体化し、どのように提供 していくか」を、さまざまな視点を組み 合わせて考えることです。マーケティン グミックスは商品開発や広告宣伝など具 体的なアクションにつながる内容なので、 「マーケティング実行戦略」とも呼ばれ ます。USPを具体化するための視点はい くつもありますが、ここでは「4P」とい う枠組みを紹介します（**図表28-1**）。

▶ 4Pの概念図 図表28-1

売れる商品

Product
商品

Price
価格

USP
（独自の
提供価値）

Place
流通

Promotion
価値訴求

売れる仕組み

4Pは、「マーケティングミックスといえば4P」といってよいほど重要な視点です。

4Pは、Product（商品）、Price（価格）、Place（流通）、Promotion（価値訴求）の頭文字をとったもの。1960年代前半にアメリカの経済学者ジェローム・マッカーシーが提唱したフレームワーク

Chapter 4

マーケティングミックスを策定する

⚫ 4Pとマーケティングミックスの関係

「売れる商品をどのようにつくるか」をProduct（商品）とPrice（価格）の視点で考え、売れる仕組みをつくるための「価値の届け方」はPlace（流通）とPromotion（価値訴求）の視点で考えていきます。4つの要素を別々に考えるとマーケティング施策がうまく機能しないため、4つの要素に一貫性を持たせて、マーケティング効果を最大化させることが重要なポイントです。もちろん、ターゲットやUSPとも連動させなければなりません。たとえばターゲットは世帯年収が高めの

DINKS（子供なしの夫婦共働き世帯）で、社会人になって10年以上。「がんばったご褒美」として、カスタマイズ性が高い高級ジュエリーを提供しようと考えているにも関わらず、大型ショッピングモールで「いまがお買い得」というプロモーションを実施しているとしたらどうでしょうか（図表28-2）。各施策がちぐはぐだとわかると思います。ここまで極端な例は稀だとしても、USPと4Pの不一致は日常的に発生しているので、注意が必要です。

▶ ターゲットやUSPと4Pを連動させる 図表28-2

ターゲット：世帯年収 1,200 万円以上の DINKS。夫婦ともに社会人歴 10 年以上

USP：カスタマイズ性が高い高級ジュエリーを、がんばったご褒美に。

	ターゲット、USP と連動していない	ターゲット、USP と連動している
Product 商品	素材や形のバリエーションが少ない（カスタマイズ性が高いといえる？）	豊富な素材に加えて、形はデザイナーが 0 から制作可能
Price 価格	平均価格は 1 つ 20 万円想定（年収に対して価格が高すぎる？）	平均価格は 1 つ 10 万円想定（カスタマイズ範囲に応じて変動）
Place 流通	百貨店および大型ショッピングモール（情緒的価値が感じられる？）	・一等地の路面店のみ・初回訪問は完全予約制で半個室
Promotion 価値訴求	決算キャンペーンの実施（情緒的価値が感じられる？）	・Web で商品詳細を丁寧に説明・夫婦で購入すれば一流レストランのお食事券を進呈（値引きはしない）

4Pは、ターゲットやUSPと連動しているかどうかを確認しながら検討する

○ マーケティングミックスの4C

4Pと合わせて覚えておきたいのが、図表28-3の「マーケティングミックスの4C」という概念です。4Cの「C」は、Customer Value（顧客価値）、Cost（コスト）、Convenience（利便性）、Communication（コミュニケーション）の4つを指します。4Pと4Cは同じ内容を言い換えただけですが、4Cは企業側の視点ではなく、顧客視点でマーケティングミックスを考えるというアプローチです。商品（Product）は「顧客にとっての価値」、価格（Price）は「顧客にとっての費用」、流通（Place）は「顧客にとっての利便性」、価値訴求（Promotion）は「顧客との対話」となります。企業が価値があると考える商品をつくるのではなく、顧客が価値を感じるものをつくる。価格は企業収益の観点ではなく、顧客が負担するコストという観点で考える。流通は企業が確実に効率的に商品を運搬できるという観点ではなく、顧客の利便性（買いやすさ）を考える。プロモーションは企業が伝えたい情報をターゲットに届けるという一方通行ではなく、顧客との双方向のコミュニケーションとして考えます。

▶ 4Pと4Cの関係 図表28-3

4P は「企業」視点   4C は「顧客」視点

4P	4C
Product 商品	**CustomerValue** 顧客にとっての価値
Price 価格	**Cost** 顧客が負担する費用
Place 流通	**Convenience** 顧客にとっての利便性
Promotion 価値訴求	**Communication** 顧客との対話

調和させる

4Pと4Cは、それぞれ企業視点か顧客視点かという対応になっている

> **4P では、すべての主語が「企業」から「顧客」になります。**

○ 顧客視点と企業視点のバランスが大切

4Pと4C、すなわち企業と顧客の双方の視点を上手にバランスさせることが重要です。まれに聞く「お客様は神様である」という言葉のように、顧客の要望はもちろん重要です。しかし顧客を神格化し、すべてを満たそうと努力する姿勢が過剰品質を生み、企業の収益力を落としているケースも少なくありません。事実、生活家電やPC業界では赤字事業が散見されます。

企業の永続的な成長には一定の利益が必要であり、それを購買という形で支えてくれるのは顧客です。したがって企業と顧客がともに幸せになれるようなバランス感が重要です。そのような意味では、顧客は企業のビジネスパートナーであるといってもよいでしょう。

なお、本書で紹介している4Pの定義は「USPと連動した」という枕言葉を使うことで4Pすべてに顧客視点を盛り込んでいます（**図表28-4**）。USPは「顧客ニーズを満たす自社独自の価値」ですから、顧客視点を含んでいます。したがって4Pと4Cを概念上は区別せず、4Pを引用する際には4Cの考え方を含んでいる、と理解してください。

▶ USPと連動した4P 図表28-4

Product 商品
USP と連動した「商品」を開発すること

Price 価格
USP と連動した「価格」を設定すること

Place 流通
USP と連動した「流通網」を構築すること

Promotion 価値訴求
USP と連動した「価値訴求」を展開すること

4PはUSPと連動しているので、必然的に4Cの考え方を含む

> それでは次レッスンから4つの要素で考えるべきことを詳しく見ていきましょう。

[Product（Customer Value）]

29

4Pを考えよう①「商品コンセプトとスペック」

**このレッスンの
ポイント**

「**どんな商品にするか**」を考える際に重要なのは、**USP**を**商品として具現化**することです。過剰になりすぎず、**核となる機能や性能にフォーカス**することが大切です。商品コンセプトを明確にして、軸がぶれないようにしましょう。

⭕ 商品コンセプトを明確にする

STP分析で明確にしたポジションやUSPを、商品として具現化するにはどうすればよいでしょうか。消費財であれば「味・容量・色」「搭載する機能」「パッケージの形状やデザイン」「商品名」など、商品を構成するあらゆる要素を、これまでに整理した「ターゲットのニーズやインサイト」「USP」との一貫性を保ちながら決めていきます。このときにあると便利なのが「商品コンセプト」です。商品コンセプトはUSPをより具体化したものであり、

「作り手の商品開発方針をより具体的に表現したもの」ともいえます。

たとえば「上質なオーダーメイドスーツを圧倒的な低価格で」というUSPを策定していたとしても、生地の種類、色の種類、オーダーメイドの範囲などは明確になっていません。そのときに「100種類のイタリア産オーダーメイドスーツを3万円で提供」という商品コンセプトに落とし込めば、具体的な商品スペックを検討しやすくなります（図表29-1）。

▶ **USPとコンセプト** 図表29-1

商品コンセプト
100種類のイタリア産オーダメイドスーツを3万円で提供

商品コンセプトはUSPと具体的な商品スペックをつなぐ役割を果たす

USP
上質なオーダメイドスーツを圧倒的な低価格で

商品スペック（商品仕様）
・生地はすべて上質なイタリア産
・素材5種類×色5種類×形4種類で100種類の組み合わせ
・金額は最も高い組み合わせで5万円で平均は3万円

◯ 具体化する際の注意点

さて、具体的な商品スペックを考えていく過程で注意したいのは「過剰になりすぎない」という点です。ターゲットニーズをすべて満たそうとするとついつい機能や品質が過剰になり、商品の収益率を担保できなくなるものです。次レッスン30でお伝えする「Price」(Cost)の視点も踏まえ、収益率を担保する前提で、盛り込める機能や性能を絞り込んでいきましょう。**図表29-2**のように、まずはUSP具現化の核となる機能や性能にフォーカスし、余裕があれば周辺を追加していくというスタンスがおすすめです。

▶ **機能と収益率のバランス** **図表29-2**

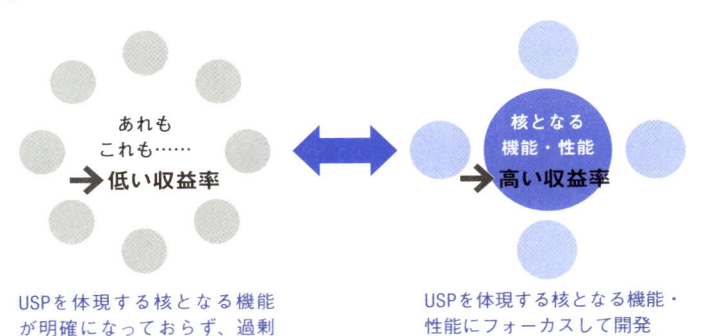

あれも
これも……
➡ 低い収益率

核となる
機能・性能
➡ 高い収益率

USPを体現する核となる機能が明確になっておらず、過剰機能・品質になりがち

USPを体現する核となる機能・性能にフォーカスして開発

◯ 商品を開発するアプローチ

なお、顧客ニーズやインサイトをもとに商品戦略を考えていくアプローチを「マーケットイン」と呼びます。反対に、企業が保有している技術や特許、人材、設備などの経営資源(「シーズ」といいます)から商品戦略や新規事業のアイデアを考えるアプローチが「プロダクトアウト」です。

マーケットインとプロダクトはどちらがすぐれている、というものではありません。それぞれのアプローチから得られる商品企画、アイデアは異なります。顧客視点、企業視点で得られたものを持ち寄り、それぞれが重なるポイントを具現化できれば売れる確率が高い商品になるといえるでしょう。

> 商品コンセプトと主要な商品スペックを記載したものを「コンセプトシート」といいます。

[Price（Cost）]

30 4Pを考えよう②「最適な価格を設定する」

**このレッスンの
ポイント**

Price（価格）は収益に直結する要素です。「商品スペック」と「価格」それぞれの視点を考慮しながらバランスよく決めていくことが大切です。また、顧客が割高だと感じない値づけをする必要もあります。

○「価格」で考えるべきこと

「価格」はProductの1要素ですが、商品の収益を左右するとても重要な要素なのでProductから切り出して考えます。「収益を最大化しながら、顧客が納得できるバランスのとれた最適価格」を決めるということです。価格が高すぎれば、1個あたりの利益は最大化したとしても売り上げは伸び悩み、低すぎれば売り上げは伸びたとしても利益が生まれません。バランスのとれた価格を設定するのは非常に難しいですが、基本的には **図表30-1** の5つの視点を考慮します。

▶ **価格を決める5つの視点と流れ** 図表30-1

①自社コスト	値づけの最低ラインを考える ※1つの商品を開発するためには、原価、設備投資費、販売費（広告宣伝費や営業人件費等）、一般管理費（人事や財務など間接部門の人件費、賃料、福利厚生費等）などさまざまなコストが発生している
②顧客受容性	顧客の相場観や期待度を考慮して、納得感を得られ、かつ競争力が保てる上限価格を考える。戦略的に割安感を盛り込むことも
③競合戦略	
④ブランディング	ブランド価値の観点で値上げ余地を考える
⑤提供価値 適合性	客観的に適正な価格にする

①の自社コストをクリアすることが最も重要で、以降は順にクリアしていく

○ 5つの視点で価格を検討する

最も重要なのは自社が負担するコストです。商品を1つ開発するには、**図表30-1**の①に挙げたような費用がかかります。当然ですがコストを回収できないなら商品をつくる意味はありません。最低でも原価を回収できればよいのか、販売管理費まで回収するのかといったことを綿密に詰めながら、最適な価格を検討します。いくら顧客が低価格を要求していたとしても、原価を下回る価格水準はあり得ません。持続的なビジネスを行うためにも、一定の収益率が担保できる価格設定は重要です。

次に考えるべきは顧客視点と競合視点です。値づけで収益率を担保できても、顧客の納得感がなければ当然買ってもらえません。まったく新しい商品を投入する場合は既存品と比較しにくいため、顧客が受容できる上限価格をベースにしながら、どれだけ割安感を盛り込むかを考えていきます。反対に、類似品が多数存在している市場へ後発参入する場合は、競合よりも低めの価格設定をすることが多くなります。また、価格設定においてはブランディング観点も重要ですが、これについてはレッスン39で解説します。

そして最後に忘れずにチェックしたいのが「その価格は商品の提供価値に見合っているか」という点です。商品に過剰な自信を持っていると、いわゆる強気の値づけ（顧客からすれば高めの価格設定）となりますが、反対に低くしてしまうこともよくあります。どちらもバランスに欠ける判断なので、価格は「商品の提供価値からして適正かどうか」で最終決定します。このように価格を決めていくことを「プライシング」といいます。

👍 ワンポイント　よい商品は適正価格から生まれる

日本は先進国であり、人件費が決して安くないにも関わらず、特に一般消費財や外食の価格は安すぎるという問題があります。顧客にとって低価格はうれしいものですが、過度な低価格は企業経営を圧迫するだけです。低価格を実現するために、必要なコストまで削減したら、結果として商品の品質に悪影響をおよぼします。商品やサービスの提供者である企業が繁栄しなければ、よい商品は生まれないのです。

昨今増えている品質問題の一因として、「低価格プレッシャー」があるといえます。高品質×低価格を実現できるのは体力がある一部の企業だけであり、すべての企業に期待するのは酷です。私たちはビジネスパーソンであると同時に顧客でもあるので、低価格ありきではなく「提供価値に見合った価格かどうか」という視点で価格を判断する必要がありますね。

● ディズニーリゾートのプライシング

プライシングで成功している代表例として挙げるとすれば、東京ディズニーリゾート（TDR）のチケット価格があります。東京ディズニーランドが開園したのは1983年ですが、開園当初の1dayパスポートの価格は3,900円でした。しかしそれから段階的に値上げされ、35年経過した2019年4月時点では7,400円、開園当初の約2倍の価格水準です。価格が2倍になっているからといって年間来園者数は減っておらず、むしろ増え続けています。年間来園者数は1983年の993万人に対して、2018年は3,255万人であり、なんと3倍以上を実現しています。価格が2倍、来場者数が3倍なのでこの35年間のビジネスは大成功だといえますね。

> 消費者物価指数を見ると 1983 年から 2019 年でおよそ 20%上がっています。この上昇率からしても、ディズニーリゾートのチケット価格は強気の価格設定だとわかります。

● 顧客からの期待値が利益となって現れる

図表30-1 の5つの視点からTDRの事例を考えてみましょう。まずは①の自社コストです。TDRでは1つのアトラクションを開発するのに数百億、大規模開発の場合は数千億の投資が必要といわれています。もちろん設備投資だけでなく、新規のスタッフ採用や大規模な広告宣伝なども必要です。

これら莫大な費用を捻出するにはチケット価格を上げて顧客に負担してもらわなければなりません。ただし、その値上げは顧客が納得できる水準である必要があります。そこで②の顧客受容性を考えます。顧客は、よい商品を安く買いたいと思っており、相場観もあります。相場より割高であると感じた場合は買い控えが起こります。

地理的にTDRと競合すると思われる施設の2019年4月時点の1dayチケット価格は、としまえんが4,200円、東武動物公園が4,800円、富士急ハイランドが5,700円なので、TDRは1.5倍の水準ですね。にもかかわらず顧客が受容しているのは、「ほかには替えられない価値があり、その価値が高まることを期待している」からです。顧客としてはTDRの将来価値を高めるために、値上げや高価格を受け入れることで、商品へ投資しているともいえます。利益は顧客からの期待です（図表30-2）。

○ 割高感を感じさせない価値がある

段階的に値上げをしているTDRですが、顧客の期待（＝負担増）に応える形で大型アトラクションを定期的に開発しています。プーさんのハニーハント（2000年）、モンスターズ・インクの"ライド＆ゴーシーク！"（2009年）、ワンス・アポン・ア・タイム（2014年）など、新規オープン時の賑わいを見るに、価格の割高感よりも期待が常に上回っているのでしょう。

ところで、関西のテーマパークであるユニバーサル・スタジオ・ジャパン（USJ）のチケット価格は、現在は約7,500円〜8,300円であり、TDRより少しだけ高めです。TDRとUSJは開園以来、それぞれ値上げを繰り返していますが、両社の価格は常にほぼ同じ水準です。図表30-1 の③競合戦略の視点を考慮した際に、相手よりも価格が高すぎると割高感を持たれる一方で、安すぎると「格が低い」と思われるリスクがあるため、結果的に似たような価格となるのでしょう。顧客は価格から「高いものは高品質」「安いものはそ

こそこの品質」と判断する傾向があるため、仮にTDRがUSJより明らかに安い6,000円代でチケットを販売すると、「TDRよりもUSJの価値が高い」と判断されてしまうということです。

この傾向を「価格のシグナル効果」と呼びます。自社や担当商品が高品質×高価格な上質感を訴求していて、顧客にもそれが受け入れられている場合、低価格設定はブランド毀損につながり、かえって売り上げが減少するリスクがあるので注意が必要です。このようにブランドイメージを考慮する視点が④のブランディングの視点です。

そして最後に改めて、⑤の商品の提供価値と見合った価格になっているかどうかを客観的に確認します。マーケティングリサーチを実施して、「いくらならば高い／安いと感じますか？」「いくらならば高すぎる／安すぎると感じますか？」のような質問を投げかけ、顧客の価格受容性を客観的に把握する方法もあります。

▶ 利益は顧客からの期待 図表30-2

赤字	管理費
売り上げ（価格）	販売費
	原価

価値向上への期待が非常に低い
＝
利益がない（赤字）

売り上げが原価を下回っている（大幅赤字）

売り上げ（価格）	利益
	管理費
	販売費
	原価

価値向上へやや期待がある
＝
低い利益率

利益が少し出ている

売り上げ（価格）	利益
	管理費
	販売費
	原価

価値向上への期待が非常に高い
＝
高い利益率

利益が大きい（大幅黒字）

31

4Pを考えよう③ 「チャネルを構築する」

このレッスンの
ポイント

Place (Convenience)は商品と顧客を結ぶ経路（チャネル）、言い換えれば「価値の届け方」です。チャネル構築には大きなコストが発生するため、顧客の利便性と投資対効果のバランスを見極めることが大切です。

○ 商品の伝達方法を理解する

商品コンセプトとスペック、価格が決まったらチャネルを考えます。チャネルには、商品を販売する場所である「販売チャネル」、商品の輸送・物流を担う「流通チャネル」、そして商品の魅力を伝える「コミュニケーションチャネル」があります。

4Pにあてはめると販売チャネルと流通チャネルがPlaceであり、コミュニケーションチャネルはPromotion（レッスン34）となります。

ここでは、**図表31-1** に挙げた代表的な販売チャネルを見ていきましょう。

▶ 代表的な販売チャネルのメリットとデメリット　図表31-1

		顧客視点	企業視点
店舗	○	・実物を見られる ・店員による応対	・その場で提案できる ・商品を演出しやすい
	×	・展示商品が少ない ・店舗を訪れる手間	・店舗や商品の管理コストがかかる ・集客エリアが限定される
ネット通販	○	・商品が豊富 ・時間や場所に制限なく買える	・多くの商品を提案できる ・店舗に比べて運用コストが低い
	×	・実物を見られない ・買い物が「操作」化され事務的に	・顧客ごとの個別対応が難しい ・問い合わせ対応が増える
テレビ通販	○	・商品の詳しい説明が聞ける ・簡単な手続き（電話1本）で買える	・店舗開発のコストがかからない ・全国規模で商品を紹介できる
	×	・実物を見られない ・商品が限定的	・誇大広告のようなイメージ ・ターゲットが限定的
カタログ通販	○	・自分のペースで選べる ・紙であればメモなどを残せる	・店舗開発のコストがかからない ・高齢層にアプローチしやすい
	×	・実物を見られない ・商品が限定的	・誇大広告のようなイメージ ・ターゲットが限定的

代表的な販売チャネルと、それぞれのメリットやデメリットを知っておく

⬤ 目に見えない価値も届ける

チャネルを構築するには、顧客視点と企業視点に立ち「顧客が買いやすく、効率的に商品を届けるにはどうしたらよいか」を考えます（**図表31-2**）。あくまでも「ターゲットがその商品をどこで購入したいのか」という顧客の購買実態をもとに、配送効率を考えるのが大切です。店舗をチャネルにしたとしても、コンビニやスーパー、ドラッグストアなど小売業態、そして駅前や幹線道路沿いといった立地なども、ターゲットの買いやすさから考えます。

商品によっても最適なチャネルは異なります。たとえばカスタマイズ可能なデザインがUSPのTシャツであれば、顧客が自分で操作しながらデザインを保存できるECサイトがよいでしょう。または香りそのものが商品となる香水ショップであれば、実際の香りを確認できる実店舗が強いといえます。

さらに、チャネルを考えるときは、形のある品物だけではなく、体験も含めた目に見えない価値も届けるという視点が必要です。

▶ チャネル構築の基本的な考え方 図表31-2

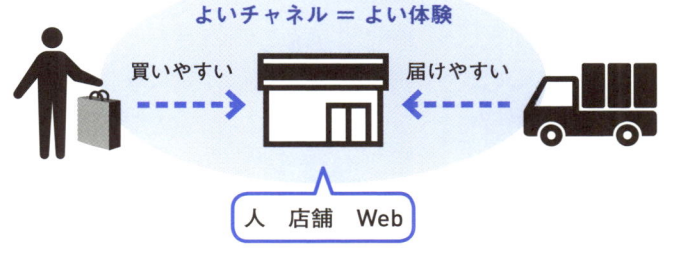

顧客と企業双方にとってよいチャネルを築くことが基本的な考え方

👍 ワンポイント　訴求ポイントによって販売形態を考える

店頭の場合、商品の訴求方法や陳列方法をどの程度コントロールしたいかといった検討も必要です。店頭販売には「直接販売」「間接販売」「フランチャイズ方式」があります。ブランドイメージを重視したい場合や高価格帯の商品、深い専門知識が必要な場合は、直営店による直接販売が適しています。陳列方法から接客まで込みでトータルでコ

ントロールできるため、購入体験まで含めた高い付加価値を提供できるでしょう。間接販売はチャネルを自前で持たずに、小売業者や卸売業者に委託するモデルです。フランチャイズ方式は、日々の店舗運営はオーナーに任せるものの、商品の供給や販売ノウハウ、品質管理ノウハウの提供を本社が提供するモデルです。

32

［オムニチャネル］

4Pを考えよう④ 「チャネルを改良する」

**このレッスンの
ポイント**

顧客の買いやすさを実現するために、<u>マルチチャネル</u>、<u>オムニチャネル</u>の取り組みが進んでいます。大きな投資が必要なのですべての企業が取り組めるものではありませんが、先進事例として押さえておきましょう。

● あらゆるチャネルで顧客体験を均一化する

複数のチャネルを用意することをマルチチャネルといいます（**図表32-1**）。顧客としては、チャネルが多いほうが購入時の利便性が高まり、企業側にとっても購入してもらえる機会が増えます。そしてマルチチャネルをさらに推し進めた考え方を「オムニチャネル」といいます。チャネルが多くても、店舗やWeb、カタログといったそれぞれのチャネルごとに独立

して運営されていては非効率です。たとえば店舗とWebで別々に在庫を管理している場合、どちらかで在庫を切らすと販売機会の損失となります。オムニチャネルは、**図表32-2** のように店舗やWeb、スマホアプリなどすべてのチャネルで在庫や物流、顧客情報を一元管理し、顧客が購入方法から受け取り方法まで自由に選べる仕組みです。

▶ **マルチチャネル** **図表32-1**

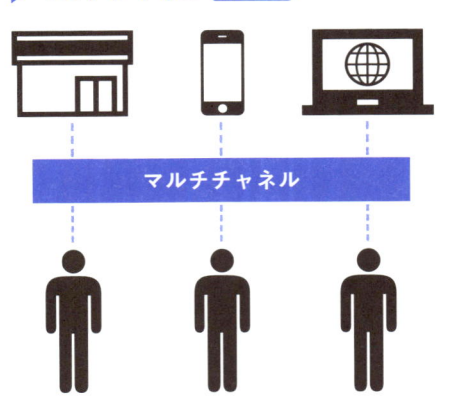

商品を購入できる経路が複数用意されている

● オムニチャネルの事例

オムニチャネルの事例としてセブン＆アイ・ホールディングスを紹介します。セブン＆アイ・ホールディングスはコンビニ（セブンイレブン）やスーパー（イトーヨーカドー）、ネットショップ（オムニ7）などいくつものチャネルを構築しています。すべてではありませんが、各店舗の商品の在庫情報が連動していて、Webやアプリから確認できます。また、ネットショップで購入した商品の中には、自宅で受け取るかセブンイレブンで受け取るか選択できるものもあります。また、セブン＆アイ・ホールディングスの共通

IDに登録すれば、LOFTや西武、そごうなども含めたグループ会社間で購買情報や顧客情報が連携され、共通のポイントやマイルが貯まる仕組みもはじまっています。将来的には、LOFTやアカチャンホンポで購入した商品を近くのセブンイレブンで受け取り、さらに貯まったポイントを使ってイトーヨーカドーで買い物する、という購買体験が実現されるでしょう。ゆくゆくはテレビ通販やカタログ通販、コールセンター（電話）などあらゆる販売チャネルが統合されていくかもしれません。

▶ **オムニチャネルの仕組み** 図表32-2

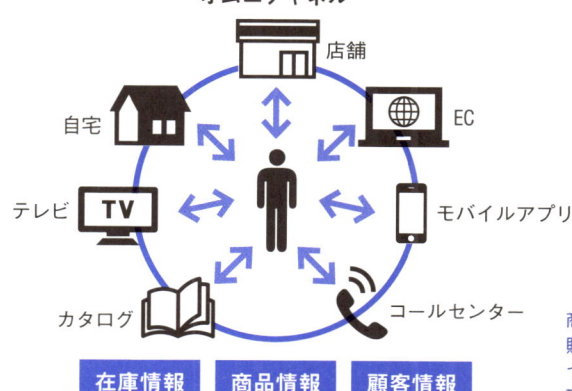

オムニチャネル

店舗 / EC / モバイルアプリ / コールセンター / カタログ / テレビ / 自宅

在庫情報　商品情報　顧客情報

商品を「いつでも・どこでも購入する」ことができ、「いつでも・どこでも商品を受け取れる」仕組み

👍 ワンポイント　オムニチャネルに欠かせない支払い手段の多様化

近年では支払い方法が多様化しています。現金とクレジットカードはもちろんのこと、さまざまな種類の電子マネーやApple Pay、LINE Payなどプラットフォーマーが提供する決済サービスなど

が増えています。どんな支払い方法が可能かは、顧客の買いやすさ（Convenience）に大きく影響します。ターゲットニーズに合わせた支払い方法の設計を心がけましょう。

33

[Promotion(Communication)]

4Pを考えよう⑤「プロモーションの基本」

**このレッスンの
ポイント**

「商品やサービスの提供価値を魅力的に伝える」ためには、まず<u>コミュニケーションの目的</u>を明確にすることからはじめます。そしてその目的ごとにメディアや広告表現などの組み合わせを考えることが重要です。

⭕ 何を、誰に、どうやって、何のために伝えるか

マルチチャネルやオムニチャネルを実現しただけで安心してはいけません。顧客が買いやすい流通網を構築したとしても、顧客が商品の価値に魅力を感じなければ、店舗やWebサイトを訪れてくれないからです。その仕掛けを考えるのがプロモーションであり、4Cでいう「コミュニケーション」にあたります。<u>「何を、誰に、どうやって、何のために」</u>伝えるか。文字通り顧客といかにコミュニケーションを

とるかという観点で考えましょう。

ところで、「プロモーション」という言葉を聞くとテレビCMやバナーや動画広告を思い浮かべるかもしれません。しかし本書で解説するプロモーションは広告活動だけではなく、サンプリングやイベントなどの販売促進活動、新聞やテレビ番組での露出獲得を狙う広報活動、営業活動など、価値を伝えるためのあらゆるコミュニケーションを含みます。

▶ **Promotion(Communication)で考えるべきこと** 図表33-1

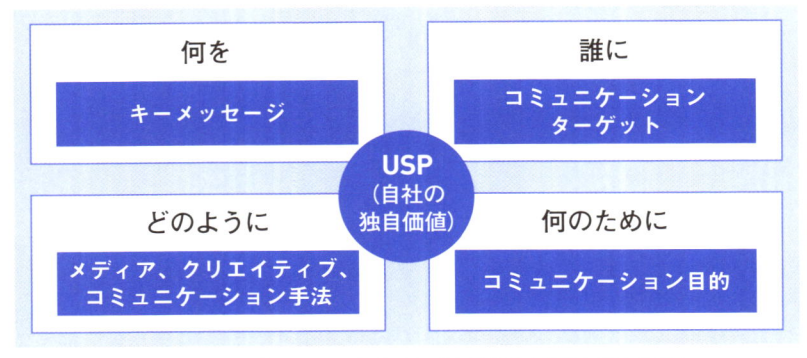

「何を、誰に、どのように、何のために」をそれぞれ具体的な施策に落とし込む

● キーメッセージとコミュニケーションターゲット

まずは「何を伝えるのか」を考えていきます。伝えたいことは数多くあるはずですが、多くを伝えると大事なことが伝わりません。そのため最も伝えたいことを「キーメッセージ」として定めます。キーメッセージはSTP分析で明確にしたUSPがベースになります。レッスン30のオーダーメイドスーツの事例では「上質なオーダーメイドスーツを圧倒的な低価格で」がUSPであり、これがキーメッセージになります。ただ、このままでは言葉が平凡なので印象に残りにくいですね。たとえば「3万円ではじめるオーダーメイドスーツ」のようにターゲットに伝わりやすいように表現をアレンジするのがポイントです。

キーメッセージが決まったら「誰に伝えるか」を考えます。こちらもSTP分析で明確にしたターゲットがベースになりますが、ターゲットとまったく同じ条件の人にアプローチできることはまずありません。仮にターゲットが「1都3県に居住している30代の未婚女性／会社員で年収500万円以上／ダイエットに興味があり、スポーツジムに通っている」だったとしても、多くの場合は居住地域、年齢、性別などで絞り込むので精一杯なので、活用する媒体ごとに現実的なコミュニケーションターゲットを設定していきます。

ところで、現実的にアプローチできるかどうかを考えた際に、誰よりも確実にキーメッセージを伝えられるのは「社員やプロジェクト関係者」です。その商品の企画や開発、宣伝、営業など直接的に関わっている関係者はもちろん、全社員に商品のキーメッセージを伝えることで、一定人数に確実にキーメッセージを届けられます。社員は会社の外では消費者なので、彼らが広告塔になっていく効果も期待できますね。

▶ キーメッセージを考える 図表33-2

```
┌─────────────────────────────────────────┐
│ 上質なオーダーメイドスーツを圧倒的な低価格で │
└─────────────────────────────────────────┘
                    │
                    ▼   ┌──────────────────────┐
                        │ 具体的な数字を盛り込むなど │
                        │ の工夫をして、よりシンプルで │
                        │ 印象的なメッセージにする   │
                        └──────────────────────┘
┌─────────────────────────────────────────┐
│ 3万円ではじめるオーダーメイドスーツ          │
└─────────────────────────────────────────┘
```

USPをベースにしながら、キーメッセージを考える

● メディアとクリエイティブを活用して情報を流す

プロモーションの肝は、「キーメッセージを魅力的に伝えること」です。そのためには、ターゲットごとに最適なメディアとクリエイティブを検討しなければなりません。たとえばテレビをよく見るターゲットであれば、テレビCMを流すのが効率的な伝達となります。メディアには 図表33-3 のような種類があるので、検討時の参考にしてください。そして、キーメッセージを広告素材としてビジュアル化したものを「クリエイティブ」といいます。テレビCMや動画広告、バナー広告、チラシ、ノベルティなどさまざまなクリエイティブがあります。いずれもキーメッセージがターゲットにとって、正しく魅力的に伝わるよう、文章、画像、映像、形状などをデザインします。

▶ メディアの種類と特徴 図表33-3

メディア	メリット	デメリット
テレビ	・表現力が高いので、印象に残りやすい ・リーチできる層が広い ・同時到達性	・相対的に高コスト ・若年層へのリーチがWebよりは弱い
新聞（紙）	・メディアの信頼性が相対的に高い ・会社員（特に上級管理職）へのリーチが相対的に強い	・表現力が低い ・若年層や女性へのリーチが弱い
雑誌	・該当テーマの興味・関心が高い層へリーチできる ・女性へのリーチが相対的に強い	・リーチできる人数が限定的
書籍	・情報を深く体系的に伝えられる（詳報性） ・該当テーマへの興味・関心が特に高い層へリーチできる	・リーチできる人数が限定的 ・若年層へのリーチが弱い
Web	・紙メディアよりも表現力が高い ・Web上の履歴をもとに発信情報を柔軟に変更できる（精緻なターゲティングが可能） ・相対的に低コスト	・メディアの信頼性に大きなバラツキがある ・シニア層へのリーチが弱い
キーパーソンネットワーク	・世の中に影響がある人や社内のキーパーソンのネットワークなどにアクセスできると、重要人物のみに情報が流通する	・お金をかけたとしても、誰でも利用できるわけではない ・ネットワーク構築が困難

メディアごとに特徴があるので、ターゲットへの到達度、表現したい内容、予算などを加味して最適なメディアを選択していく。メディア内にはいくつもの広告枠が設置されているので、掲載箇所についても考慮が必要

● 広告・販促・広報の違い

メッセージを伝えるために重要なのが、コミュニケーション手法です。コミュニケーション手法には広告、販促、広報がありますが、それぞれ **図表33-4** のような違いがあります。各手法の特徴を理解して、適切に使い分けましょう。

「広告」は、広く認知してもらう（「認知獲得」といいます）ために最もよく利用されています。たとえば清涼飲料水や食品などの日用消費財は、全国で老若男女にニーズがあり、かつ消費サイクルが早いため、同じタイミングで多くの人々にメッセージを届けられるマス広告（特にテレビCM）がよく活用されます。インターネット広告は、Web上の閲覧履歴などから広告の内容を柔軟に変更できるため、見込み顧客向けに最適なメッセージが伝えられます。

「販促」は販売促進活動であり、見込み顧客に対する購入の後押しを目的とした活動です。例として、期間限定のクーポン、試供品の提供などが挙げられます。

「広報」はメディアに自社や商品のことを取り上げてもらう情報発信活動です。プレスリリースの配信や取材ベースの情報提供なのでコストがかからない反面、ほかの手法に比べて露出度は低い傾向があります。しかし影響力の大きいメディアに取り上げられると、広告よりも高い認知効果を得られることがあります。基本的には情報発信活動を積み重ね、中長期的に「社会との信頼関係をつくること」が広報の役割です。広報については第7章で詳しく解説します。

▶ **広告・販促・広報の違い** 図表33-4

広告 認知獲得	販促 購入の動機づけ	広報 社会との信頼構築

それぞれコミュニケーションの目的や成果獲得までの時間軸など特徴に違いがあり、達成したいことに合わせて使い分ける必要がある

♪ ワンポイント　コミュニケーション目的を明確にしよう

コミュニケーションの目的を突き詰めると「商品を買ってもらう」や「提供価値を魅力的に伝える」ということになりますが、名前を覚えてもらうことが目的なのか？ 資料請求してもらいたいのか？ など、目的によって採用すべきメディアやクリエイティブは変わります。逆にいえば、コミュニケーション目的が明確になれば、最適な手段が決まるのです。

34

［コミュニケーションプラン］
コミュニケーションプランを
立ててみよう

**このレッスンの
ポイント**

生活者は広告やWeb、会話などさまざまなコミュニケーションをきっかけに商品を知り、商品価値を理解していきます。このレッスンでは、<u>顧客に価値を伝えるためのコミュニケーションプラン</u>を、架空の事例をもとに解説します。

● コミュニケーションプランの立案

ここまでコミュニケーションの基本を学んできましたが、では実際にどうやって活用すればよいかを解説していきましょう。ここでは 図表34-1 に挙げた架空のサプリメント販促の事例をもとにコミュニケーションのプランを立ててみます。

▶ **売りたい商品とターゲット** 図表34-1

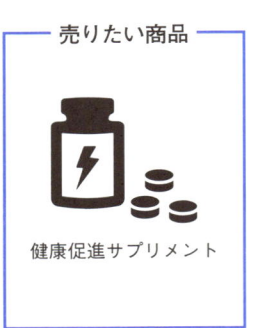

売りたい商品

健康促進サプリメント

USPは DHAと DHAの働きを促進する成分を併せ持っていることと、豊富な含有量

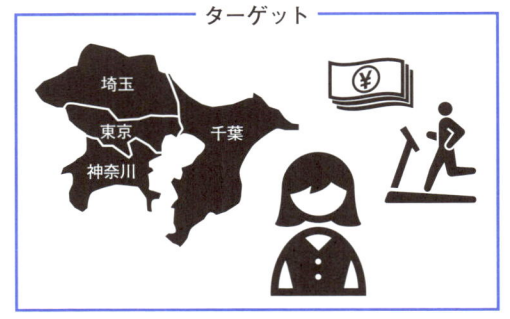

ターゲット

埼玉
東京　千葉
神奈川

一都三県に居住する30代の独身女性で、年収500万円以上。ダイエットに興味があり、スポーツジムに通っている

▶ **コミュニケーションプランの骨子** 図表34-2

ターゲットと
USP の理解 ▶ 目的を定める ▶ キーメッセージを定める ▶ メディアを選択 ▶ クリエイティブを作成

このような段階を経てコミュニケーションプランを立てる

Chapter 4

マーケティングミックスを策定する

◯ コミュニケーションの目的

ここでも大切なのは、USPを念頭に置くことです。このサプリメントの場合は、血液をサラサラにする成分であるDHAが非常に多く含まれているのに加えて、DHAの働きを促進する成分も配合されている点です。このUSPが50歳以上の男女に支持されて、DHA成分を含むサプリメント市場ではシェアNo.1です。

ところが近年ではDHA以外にもさまざまな有効成分が発見され競合商品が増えてしまい、成長に陰りが見えはじめました。そのためターゲットを拡大するために、毎月サプリメントを購入する金銭的余裕があり、健康意識が高いと想定される 図表34-1 をターゲットに定めました。そして、この層に「商品名を認知してもらうこと」と「健康対策を30代からはじめる必要性を理解してもらうこと」がコミュニケーションの目的です。

◯ キーメッセージを定める

キーメッセージは「DHAでドロドロ血を今から予防」です。既存の50代の顧客に対して購入満足度のリサーチを実施した結果、最も多かった意見が「満足しているがもっと若いときから飲みはじめればよかった」というものでした。このことから既存ターゲットより若い年齢層に訴求できそうだということがわかります。

一方、新しいターゲットである30代に対して健康意識に関するリサーチを実施したところ「そろそろ健康を意識した生活をはじめたい」という意識の高まりが確認できました。このリサーチ結果を受けて、ドロドロ血をサラサラにという「改善」ではなく、「予防」を価値として訴求することをキーメッセージに定めます。

▶ **ターゲットに合わせたキーメッセージ** 図表34-3

若いときからはじめておけばよかった

そろそろ健康を意識した生活をしたい

新しいターゲット

既存顧客：50代男女

新規顧客：30代女性

キーメッセージ

DHAでドロドロ血を今から予防

既存ターゲットから新しいターゲットに訴求できそうなキーメッセージを抽出する

ターゲットに訴求しやすいメディアを選ぶ

続いてどのように認知してもらうかを考えます。レッスン33の **図表33-3** を参考に、ターゲットに対して一番効果がありそうなメディアを選びます。今回のターゲットが30代女性だとすると、男性会社員へのリーチ（広告の到達率のこと）が強い新聞は外してよいでしょう。また、テレビCMはコストが大きいためこれも外します。このようにして考えると、コンビニや書店で気軽に買える雑誌、そしてWebに広告を出すのがよさそうだとなります。そこで今回は30代女性の購読率が高い女性誌とWeb広告、特にSNS広告を中心に出稿することにしました。

なお広告は出稿するタイミングも重要です。今回の商品であれば身体の不調を感じ健康意識が高まりやすい夏バテ時期や季節の変わり目、仕事の疲れが出やすい年末年始や年度末なども出稿時期としてよさそうです。

▶ **メディア選びのポイント** 図表34-4

ターゲットにリーチしやすい

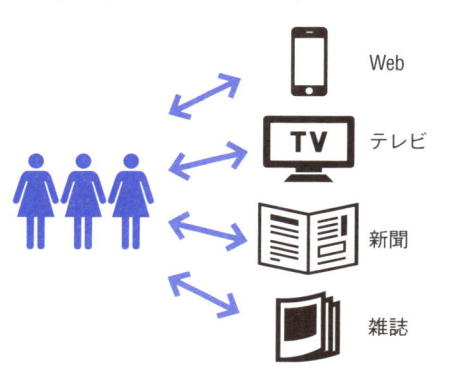

Web

テレビ

新聞

雑誌

関心が高まる季節

ターゲットがよく接するメディア、かつ商品の内容に合致する季節を考えて選定する

👍 ワンポイント　Web広告を活用する

Webの閲覧時間が長い昨今では、Webを使ったコミュニケーション施策は必須です。まずは商品名や「血液 サラサラ」などのUSPにつながるキーワードで検索されたときに商品ページが表示されるようにSEO（検索エンジン最適化）は最低限やっておきましょう。商品名の認知度が低い段階では商品名で検索される回数は少ないため、その商品を買う人が抱えているであろう課題をキーワードに落とし込みます。たとえば「体質改善 サプリ」「体調不良 サプリ」「疲労感 改善方法」などが候補になりそうです。　また、FacebookやInstagram、Twitter、LINEなど、ターゲットがよく接触しているソーシャルメディアを活用した情報発信も不可欠です。

● 表現方法を考える

メディアを決めたら、どのように表現すると最も価値が伝わるかを考えます。要するに実際に広告の形に情報をまとめる「クリエイティブ制作」の作業です。今回の場合は「予防の価値」を具現化し、商品の認知につながる表現をする必要があります。

これもメディアの特性ごとに考える必要があり、たとえば雑誌広告であれば受動的に目に入るケースがほとんどです。そのため、興味を持って読んでもらえるように、商品名やその効果が、シンプルにわかりやすく伝わることが重要です。Web広告の場合は、ターゲットが具体的な課題や目的を持って検索しているケースが多いため、そこに訴えかけるキーワードやWebサイトであることが重要です。今回の場合は「体調不良や疲労感を改善するには体質改善が大切で、サプリメントでDHAや必要成分を早めに補い続けることが有効」というコンテンツをつくるのがよいでしょう。たとえば実際に購入した人の口コミや専門家の意見を掲載するのがよくあるパターンです。

> このようにコンテンツを活用してその商品の必要性を認識してもらう手法をコンテンツマーケティングといいます。

● 中長期的な視野でコミュニケーションプランを立てる

ここまでは広告を中心としたコミュニケーションプランですが、もし商品の予防効果が医学的に実証されたならば、社会的インパクトが大きいため「予防医療」という文脈でメディアに大きく取り上げてもらう広報活動が有効になります。あるいは、飲み続けた後の効果実感が最も説得力が高いと考えるならば、一部のターゲットに1年間無料でサンプルを提供し、飲み続けた後の効果実感を感想としてコンテンツにするような、販促とコンテンツマーケティングを組み合わせた施策が有効かもしれません。

コミュニケーションプランは売れる仕組みづくりに直結するため、マーケターの腕の見せどころです。ターゲットニーズ、USP、コミュニケーション手法をそれぞれ深く理解したうえで、キーメッセージをクリエイティブで表現して、中長期で一貫性のあるコミュニケーションを展開していきます。

35 「ブランド」を正しく理解しよう

**このレッスンの
ポイント**

プロモーションやコミュニケーションの効果を最大化するには「**一貫性**」が重要です。そして**一貫したコミュニケーション**を通してつくられていくのが「ブランド」であり、ブランドを強化していく活動が「ブランディング」です。

◯ 身の回りにあるブランド

「ブランド」という言葉は、人によって使い方がまちまちです。たとえば皆さんが「好きなブランドは何ですか」と聞かれたら何を思い浮かべるでしょうか。アップルやソニーなどの大企業、エルメスやバーバリーのような高級服飾企業、iPhoneなどの商品名など、ブランドから連想するものは多種多様です（**図表35-1**）。そしてどれも間違っていません。しかし、コミュニケーションを行ううえでは「ブランド」は重要な観点なので、まずは基本的な概念を確認していきましょう。

▶ **ブランドのイメージは人によってさまざま** **図表35-1**

企業名、商品名……？

「ブランド」という言葉は人によってさまざまなとらえ方をされている

👍 ワンポイント　ブランド＝シンボル？

アメリカ・マーケティング協会によれば、ブランドとは「個別の売り手もしくは売り手集団の商品やサービスを識別させ、競合他社の商品やサービスと差別化するための名前、言葉、記号、シンボル、デザイン、あるいはそれらを組み合わせたもの」とされています。

ブランドの歴史と定義

ブランドはもともと、陶器や土器、彫刻を制作した職人たちが、自分の作品であることを示すためマークをつけたのがはじまりだとされています。

この「意匠マーク」は古代ギリシャやローマの陶器などにも確認されています。陶器や土器は制作場所から離れた場所で売買されることも多かったため、購入者は意匠マークを見て「誰それが作ったものだからよいモノだろう」と品質判断の基準にしていました。

この意匠マークが便利だったため、生活必需品であるパンや金物、そして嗜好品など、時代が進むにつれさまざまな商品に応用されていきました。マーケティング先進企業として名高いP&G社の例でいえば、1850年頃に製造していたロウソクが当時の人々から高く評価されていたため、商品名を「星印ロウソク」と改名しました。さらにロウソクの箱に★マークをあしらって「このロウソクはP&Gのものだから安心です」ということを明示して、売り上げを大きく伸ばしていったといわれています。

このようにブランドとは、自社商品と他社商品を識別するだけでなく、品質を保証して、購入に安心感や意欲を与える役割として発展してきたのです。

マーケティングにおける「ブランド」

一般的には、市場で一定の認知、評判、好意を獲得している商品やサービスがブランドと呼ばれています。しかしマーケティングの実務では、「市場で明確に差別化された知覚を保有し、購入に安心や意欲を与えていること」が、ブランドの条件だと考えます。**図表35-2** のようにユニクロやニトリを例に考えてみると、それぞれ市場で高品質×低価格というポジションを確立し、品質への安心感、買ってみたいという購入意欲を与えています。

このことから、ユニクロとニトリはブランド化しています。一方で、たとえば実は私がTAKASHI NAKANOという名前で衣料品を製造販売していたとしても、市場で何の認知もなければ差別化もできていないため、誰も購入したいとは思いません。このような商品は残念ながらブランドとは呼べません。

▶ **市場で明確に差別化された知覚を保有しているもの** 図表35-2

ユニクロ

差別化された知覚
→安心し、買いたくなる

TAKASHI NAKANO

差別化されていない知覚
→不安で、買いたくない

そのブランド名を聞いて、その商品などをイメージでき、安心感が得られるものが「ブランド」

36 ブランドとは、「顧客視点の差別化」

このレッスンのポイント

商品やサービスをブランドにするためのコミュニケーション活動を「ブランディング」と呼びます。このレッスンではブランディングの基本的な考え方と、強いブランドをつくるメリットを具体的に解説していきます。

○ 顧客視点で差別化されている＝ブランド力がある

多くの企業が競合商品ではなく自社商品を選んでもらえるよう、さまざまな工夫を凝らしてコミュニケーション活動を行っています。しかしそれでも、ほとんどの商品やサービスは顧客から「どっちもどっちだな」という感想を持たれてしまいます。たとえばスナック菓子の商品名や味、パッケージを大きく変更し、作り手としては斬新でユニークな商品にリニューアルできたと感じていても、それが顧客へ伝わっていないことはよくありま

す。差別化されているかどうかは、自分たちが意図したかどうかではなく、「顧客（市場）がそのように知覚、認識しているかどうか」が重要です（図表36-1）。

顧客から特に何も想起されない商品はブランド力がないということです。また特定のイメージや知識を持たれていたとしても、それらに独自性がなく、購入に安心感や意欲を与えないのであれば、その商品はブランド化していません。

▶ **ブランド力** 図表36-1

> 顧客の中に残っている、商品やサービスに関する知識、経験、イメージ、意見、感情などの総和

ブランドの力のことを「ブランドエクイティ」と呼ぶ

> 差別化は、顧客に自社だけの独自価値を認識してもらうことでしたね。

● 強いブランドはビジネスの好循環を生む

ブランドのメリットを 図表36-2 に挙げました。強いブランドは顧客だけでなく、ビジネスパートナーや従業員、求職者にもよい影響を与えるため、企業がブランド化に成功することのメリットは計り知れません。最大のメリットは自社を選んでもらえる確率が高まり、結果として効率的に売り上げを伸ばせることです。それによりビジネスの規模が大きくなり、流通業者やベンダーから積極的な支援を獲得できるようになります。アライアンスやコラボレーションを提案される機会も増えるでしょう。また、その可能性に惹かれて優秀な人材が集まりやすくなります。

従業員にとっても強いブランドは大きなメリットです。そのまま「自分自身のブランド」にもなるため、働くモチベーションアップにもつながるでしょう。このように強いブランドを持つ企業は、成長の好循環が生まれやすいのです。

また、前述のようにブランドには企業や商品の安心感や信頼性を高める効果があります。無名の商品よりも有名ブランド品を購入したくなる顧客心理は誰もが理解できると思いますが、さらには信頼感のあるブランド品を身に着けることで、顧客の自己実現にもつながることもあります。

▶ ブランドのメリット 図表36-2

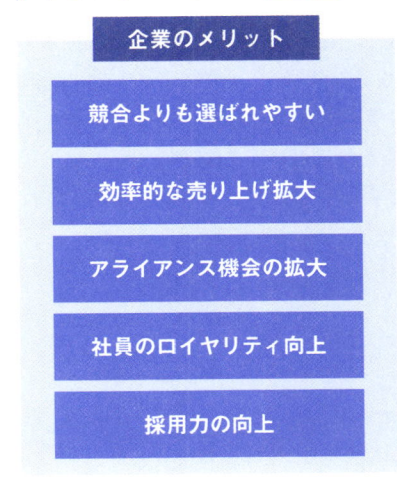

企業のメリット
- 競合よりも選ばれやすい
- 効率的な売り上げ拡大
- アライアンス機会の拡大
- 社員のロイヤリティ向上
- 採用力の向上

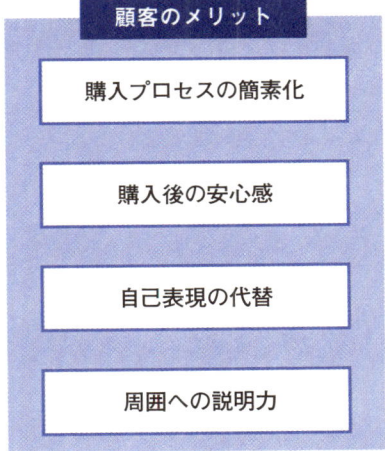

顧客のメリット
- 購入プロセスの簡素化
- 購入後の安心感
- 自己表現の代替
- 周囲への説明力

ブランドは、企業自身にとっても、顧客にとっても大きなメリットがある

人間関係と同じで、信頼関係を構築するのは大変でも、それが崩れるときは一瞬です。築き上げたブランドをいかに維持するかも考えていきましょう。

[ブランドコンセプト]

ブランディングの実践

**このレッスンの
ポイント**

ブランディングの世界は奥が深く、一朝一夕には構築できません。幅広い知識や見識、そしてさまざまな<u>コミュニケーション活動の積み重ね</u>が必要です。本書ではその実践ノウハウは紹介できませんが、大切な視点を紹介しておきます。

◯ 代表的なブランド要素

ブランドは、商品やサービスそのもの、店舗の印象、接客するスタッフ、営業担当、ロゴ、広告表現、各種イベント、Webサイト、SNSでの口コミ内容など、顧客と接するすべての点の積み重ねで構築されます。<u>デジタルマーケティングが前提となる現代においては、Web上の顧客接点の重要性が増しています</u>。したがってブランディングとは「市場で差別化された知覚をつくるために、あらゆる顧客接点を一貫性ある体験としてマネジメントし、

ブランドを構築、強化する活動」だと表現することもできます。

よく引用される例ですが、アップル社はすべての顧客接点が一貫性を持って、高度に統合されています。iPhoneやMacなど製品そのもののデザインや機能はもちろん、Webサイトや直営店、店員の雰囲気や製品を包むパッケージなど、すべての要素が共通して「先進性や革新性」と「上質感」を感じさせてくれます。思わず買いたくなる人も多いでしょう。

もしテレビ**CM**などで革新的で心を震わせるコミュニケーションを展開していたとしても、製品のパッケージが洗練されていなかったり、店員の教育が行き届いていなかったりすれば、現在のアップル社や彼らが生み出す商品群の強いブランドはなかったでしょう。

◯ マス広告とインターネット広告の一貫性は特に重要

別の例をご紹介します。たとえば私たちが何らかのきっかけで、ある商品に興味を持ち、ECサイトを訪れてそのブランドによい印象を抱いたとします。しかしその後、行く先々のWebサイトでそのブランドの広告が何回も表示され、かえって興味を失ってしまったという経験はありませんか? あるいは、高品質を謳っている商品が、いかにも頼りないスタッフから説明された結果、商品自体が安っぽく感じられてしまったなどという経験をしたこともあるでしょう。これらの現象は、コミュニケーション施策に一貫性が保たれていないから起こるのです。

高品質ならばすべての接点を上質に、親しみやすさならばすべての接点から温かみが感じられるように、一貫性を持った顧客接点の構築がブランディングには重要なのです。このようにすべての顧客接点を統合管理し、一貫したコミュニケーションを行うことをIMC（Integrated Marketing Communication）といいます。ブランディングにはIMCが必要不可欠です。

◯ ブランドコンセプトを明確にする

さて、これまで一貫性ある体験が重要であると強調してきましたが、一貫性があればどんな体験でもよいというわけではありません。顧客のどのようなニーズを満たすのか、そしてどのように差別化するのかという考えが、すべての体験の基点となります。この考えのことを「ブランドコンセプト」と呼びます。ブランドコンセプトは「ブランドが持っているUSP」ともいえます。ブランドコンセプトとして定義された内容は、ブランドが顧客に提供する価値を約束するものです。

▶ **一貫性のある顧客体験** 図表37-1

ブランディング活動
ロゴ
商品・サービス
ブランドコンセプト
サポート
営業
コミュニケーション
店舗

自社や自社商品と接するあらゆる場面で、一貫性のある体験ができることが重要

繰り返しますが、顧客との約束を果たすためにも、すべての顧客接点に一貫性を持たすことは非常に大切です。

Webサービスにもマーケティングミックスが活用できる

**このレッスンの
ポイント**

Webサービスは商品などに比べると開発するハードルが低いためマーケティング戦略の検討が後回しにされがちです。しかし、いまや企業活動に欠かせない取り組みの1つであり、Webサービスも4Pの観点で設計する必要があります。

◯ Webサービスにおけるマーケティングミックス

インターネット上で完結するWebサービスは企業にとって無視できない市場を形成しています。Webサービスとは「Webサイト上で商品購入やサービス利用が完結するもの」と定義できます。たとえば検索に欠かせないGoogleやYahoo! JAPANなどのポータルサイト、YouTubeやNetflixなど動画サイトやアマゾンなどのECサイトなど、Webサービスなしに私たちの生活は成り立たないといっても過言ではありません。ここに挙げた以外にも多くのサービスがあります。

Webサービスはプログラミングの技術があれば開発でき、修正もしやすいため、マーケティング戦略やマーケティングミックスの検討が疎かになりがちです。しかし「顧客ニーズを理解し、売れる商品と売れる仕組みをつくる」マーケティングは、どんな商材であれ、ビジネスの成功確率を高めるためには必要なアプローチなので、優先度を下げないよう心がけましょう。ここでは、4Pのうち、Webサービスならではの観点が必要となるProductとPromotionについて解説します。

👍 ワンポイント　Webサービスのマネタイズ

多くの人々にとってWebサービスは無料で当然という意識が根強く、いかにしてマネタイズするかというのは大きな課題となるでしょう。よくあるのは基本サービスを無料で提供し、追加機能については料金を課金する「フリーミアム」というマネタイズや、月単位で定額課金する「サブスクリプション」というマネタイズです。昨今はNetflixやアマゾンプライムなど月額課金のサービスが増えていますが、一昔前よりもサブスクリプションへの抵抗感が薄れていることと、コンテンツの充実度が高まったことが要因といえます。

● Webサービスの4P① 「Product」

4Pはもともと形のある商品を想定している考え方ではありますが、Webサービスを開発する際にも応用できます。たとえば4Pの「Product」をWebサービスとして考えると、サービスのコンセプト、機能、ユーザーインターフェイス、アクセシビリティ、ユーザビリティの5つで構成されます。

サービスコンセプトは商品コンセプトと同じです。Webサービスは、商品開発に比べて容易に機能を追加できますが、「イチオシ」となる機能を絞り込んだほうが特徴が明確になり、結果として集客に結びつくでしょう。そして、その特徴をいかに使いやすく提供できるかも重要です。Webサービスは、商品などと異なり説明書を同梱できません。そのため、訪れた誰もが直観的に使えるようなデザインやレイアウトを工夫することが重要です。

● Webサービスの4P② 「Promotion」

Webサービスは店頭で陳列するわけにはいかないため、リリースしたとしても顧客に検索されない限りは見つけてもらえません。そのためレッスン34で解説したプロモーションは必須です。また、検索結果画面の上位に表示されるために、リスティング広告やSEOも必須となります。

> Webサービスにおいて Place(Convenience) と Promotion（Communication）は一体化していると考えることもできますね。

👍ワンポイント　UIについて考える

顧客との接触面のことを「ユーザーインターフェイス」(UI) といいます。Webサービスの場合、画面デザイン、ボタンやメニューの位置、フォントの種類やサイズなど、顧客の視覚に入るすべての情報がUIです。それらUIの使いやすさや使い勝手を「ユーザビリティ」、画面表示速度やアクセスのしやすさを「アクセシビリティ」といいます。3つの概念をまとめて「ユーザビリティ」という場合もあります。スマホやタブレットなど画面サイズの違う端末でレイアウトが崩れないことはもちろん、タッチパネルやマウスといった異なる入力方法でも問題なく操作できるか、情報の在り処はわかりやすいか、文字サイズは読みやすくなっているか、ページ表示の速度は快適かなど、ターゲットとなりうる顧客が満足できる状態にすることが求められます。

[7P]

39

顧客体験を底上げする「7P」の考え方

このレッスンの
ポイント

顧客がサービスを重視する昨今は、商品そのものだけではなく、購買に付随する「サービス」を戦略的に考えなければなりません。サービス設計で活用したいのが、4Pに3つの視点を加えた<u>マーケティングミックスの「7P」</u>です。

〇 7Pとは

「7P」とはフィリップ・コトラーが提唱したサービスやマーケティングの概念です。4Pが提唱された時代は日用消費財や家電、自動車など形のある「物」が商品の中心でしたが、時代が進むと金融、旅行のほか情報やノウハウを提供するサービスなど、形がなく、目に見えない「サービス」が価値を持つようになりました。

また有形物の売買でさえ、アフターフォローや配送といった付随するサービスの有無によって、物が売れたり売れなかったりする時代でもあります。<u>7Pはこうした時代背景を受けて、4Pに「Personnel」（人員）、「Process」（業務プロセス）、「Physical Evidence」（物的証拠）の3つが加えられたフレームワーク</u>です。

▶ **7Pの内容** 図表39-1

7P

4P	Personnel 人員
Product 商品	自社、外部含め、顧客にサービスを提供するすべての人員
Price 価格	**Process** 業務プロセス サービスを提供する一連の過程
Place 流通	**Physical Evidence** 物的証拠
Promotion 価値訴求	無形サービスの価値や品質を可視化するための物的証拠

「購入の前後を含めたトータルな顧客体験を考える」ことが、マーケティングミックスの策定に求められています。

4PにPersonnel、Process、Physical Evidenceを加えたものが7P

Chapter 4 マーケティングミックスを策定する

● さまざまなサービスの特徴

「サービス」とひと口にいってもさまざまな形式があります。美容室やマッサージ、飲食などは「人の身体」に対するサービスといえます。家具や家電のアフターフォローは「物」に対するサービスであり、また保険やコンサルティングは「人の頭や心」に対してのサービスと分類できます。これらサービスに共通する特徴は大きく3つあります。①無形であること、②品質が均一でないこと、③蓄積できないことです。無形であるということは「購入する前にそのサービスの価値が理解しにくい」ということです。マッサージ、アフターフォロー、コンサルティングなどはいずれも、実際に体験しないとその価値がわからず、生命保険は生きている間に価値を感じるのが難しいものです。また、多くのサービスは人を介して提供されるため、品質（サービスレベル）にバラツキが発生します。さらにサービスは、提供と同時に消費されるため蓄積できません。物のようには管理できないのです。

● 7Pが大切なわけ

高級レストランを例に考えてみましょう。商品（Product）はもちろんおいしい食事になりますが、予約時のやりとりや店内の雰囲気、当日の接客、アフターフォローなど、顧客を満足させるためには「サービス」の比重が大きくなります。そのため Personnel、Process、Physical Evidence の視点が重要になります。Personnelに関しては、すべての顧客に均一したサービスを提供するため、客数に応じた人員配置を行い、接客スキルだけでなく、メニューや食材に対する豊富な知識も必要です。可能であればレストランに食材を届ける業者やドライバーなど、顧客と接点を持ち得るすべての人員を対象に研修を行うことが望ましいでしょう。Processには顧客情報を管理する仕組み、サービスの提供方法やスピード、品質水準、決済方法、アフターフォロー体制などが含まれます。予約時に顧客の要望や情報をしっかり把握し、当日のスタッフに共有する仕組みも必要です。迅速かつ正確に接客できるように、オペレーションフローやマニュアルも整備します。来店後、感謝を伝えるとともにご要望を伺うアンケートを送付すれば満足度がさらに高まるでしょう。

Physical Evidenceはサービスの価値や品質を可視化するための物的証拠を指します。たとえばディナーで1人1万円を超える高級レストランに行こうと思った場合、「本当にそれだけのお金を支払う価値があるのか？」という疑問が湧きますよね。そうした顧客の疑問を解消するために、顧客満足度が高いというアンケート結果や食材産地の説明、教育プログラムの公開など、高品質を裏づける情報を可視化することも大切です。

ⓘ COLUMN

マーケティング施策の実行で求められること

マーケティング施策は、各部門がマーケティング戦略に則して、横断的に一貫性を持って実行される必要があります。製造、開発、広告、販促、アフタフォローなど、すべてのバリューチェーンで一貫した戦略や考え方で実行されれば、自社が提供する商品やサービスの価値が顧客にとって最大化されます。

たとえば、上質で洗練された高級感を訴求したいエンゲージリングであれば、質の高いダイヤモンド、専門職人による高い加工技術、洗練された広告や店舗デザイン、深い専門知識を持つ品のある接客、購入後に送られてくる手書きの手紙による感謝の言葉など、すべてのマーケティング施策が一貫して、統一感を持って実行される必要があります。接客スタッフの言葉づかいに品がなかったり、購入後のアフターフォローがキャンペーンのお知らせになっ

ていたら、上質感を感じたい顧客は残念な気持ちになってしまいます。施策に一貫性と統一感を持たせ、価値を最大化することにこそマーケティングミックスの意義があります。

このようなマーケティング施策の実行は、マーケティング部門で完結することはありません。他部門やパートナー企業とのコラボレーションによって実現されることがほとんどです。したがって、一貫性や統一性を実現するマーケティング戦略の実行は、マーケティングの専門知識の有無よりも、周囲をまとめて動かしていく力、すなわちプロジェクトマネジメント力やリーダーシップなど、高度なビジネス推進スキルが必要となります。この実行ノウハウをお伝えするのは別の機会にゆずりますが、戦略は正しく実行されなければ絵に描いた餅です。

> マーケティング部門が他部門をリードしていくには、高度なビジネス推進スキルが不可欠です。

Chapter

5

マーケティングの
目標設定と効果測定

環境分析・STP・マーケティングミックスの策定を考えたところで、マーケティング戦略立案のステップ3までが完了しています。本章では、最後のステップである「目標設定と効果測定」の方法を考えていきましょう。

[目標設定の考え方]

40 マーケティングの目標を立てる

このレッスンの
ポイント

マーケティングの目標は、<u>顧客ニーズ観点によるボトムアップアプローチ</u>と、<u>企業収益観点のトップダウンアプローチ</u>の両面を考慮して策定していきましょう。もちろん、戦略との連動は必須です。

● 目標を立てるタイミング

STPやマーケティングミックスが策定できたら、目標と効果測定の方法を考えていきます。マーケティング施策の効果は、目標に対しての達成度で測るため、目標と効果測定の方法はセットで考えます。既存商品であれば過去の実績をもとに、「広告予算は昨年同様だが、売り上げは昨対110%を実現」のように、トップダウンではじめから予算と目標が決められていることも多いでしょう。そうした場合は、具体的な目標数値を意識しながら、環境分析、STPやマーケティングミックスの策定を行います。一方で新規事業や新商品開発は社内に比較できる実績がないため、目標が曖昧なまま戦略立案を進めざるを得ません。そのような場合は、戦略を一通り考えたあとに、それを実行した場合の目標をボトムアップで考えていきましょう。新規事業や新商品開発は新しい発想が重要です。最初から目標数値ありきで発想を固定するよりも、<u>まずは自由に戦略を考え、それから目標数値を精査したほうがうまくいきます。</u>

Chapter 5

マーケティングの目標設定と効果測定

👍 ワンポイント　納得感のある目標を立てよう

目標の数値は、まず顧客ニーズの積み上げで考えるべきです。目標数値ありきで考えてしまうと、ニーズを拡大解釈して市場規模を多めに見積もる、ニーズがない機能を付加して価格を上げる、魅力を過剰に訴求して満足度の低い購買経験を生み出してしまうなど弊害も多いものです。とはいえ、経営として果たすべき数字責任もあるので、トップダウンとニーズ積み上げのボトムアップの数字を持ち寄って、双方が納得できる目標設定が大切です。納得感のない目標は、誰も本気で達成しようと思いません。

● マーケティング目標の立て方

マーケティングの目標は、基本的には売り上げをつくることです。そのため算出にあたっては第2章のレッスン12で紹介した市場規模の算出方法を応用します。レッスン12の **図表12-2** では「顧客数×購入率×購入単価×購入回数」で電気シェーバーの市場規模を約1,500億円と算出していますが、「ターゲットの人数×自社商品の購入率×単価×購入回数」に式を変え、これに仮の数字を当てはめていきます（**図表40-1**）。

この数字が目指すべき額より小さい場合は、これまでに定めた提供価値やコミュニケーションプランなどマーケティング戦略を修正しなければなりません。しかし修正レベルでは、3,000万円の目標を5,000万円にすることはできても、1億〜2億円にするのは難しいでしょう。算出した目標金額が期待値と大きくズレている場合は、顧客ニーズの抽出から戦略を抜本的に練り直す必要があります。

図表40-2 のように、戦略は現状から目標へたどり着くための道筋となります。道筋は1本ではありませんが、戦略と目標が具体的につながっていないと、多くの場合において、目標は大幅な未達のままで終わります。

▶ マーケティング目標の算出式 図表40-1

マーケティング目標（売上金額）	＝	ターゲットの人数	×	自社商品の購入率	×	自社商品の単価	×	自社商品の購入回数

例：ターゲット50万人、自社商品の購入率は商品認知率10％、認知者の購入率を10％と仮定して1％、商品単価3,000円、年間購入回数を2回と想定した場合

50万人 × 0.01 × 3,000円 × 2 = 3,000万円

市場規模の算出式を応用して、ターゲット人数や自社商品の購入率、商品単価、購入回数から売上目標を算出する

▶ 目標と戦略の関係 図表40-2

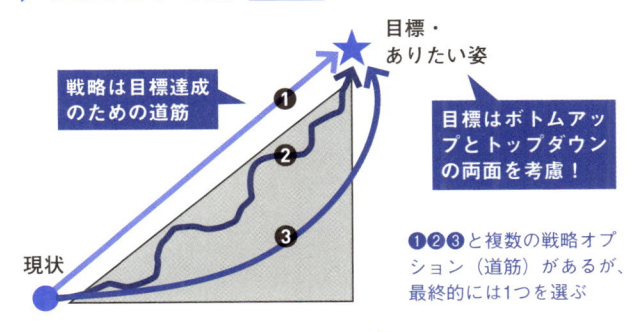

戦略は目標達成のための道筋

目標・ありたい姿

目標はボトムアップとトップダウンの両面を考慮！

現状

❶❷❸と複数の戦略オプション（道筋）があるが、最終的には1つを選ぶ

41 [SMART]

適切な目標設定に欠かせない KGIとKPI

**このレッスンの
ポイント**

マーケティング戦略のPDCA（Plan： 計画→Do： 実行
→Check：評価→Action：改善行動）をまわすためには、
目標の中身や数値が適切に設定されている必要があります。
ここでは**KGI**と**KPI**の基本的な考え方について解説します。

◯ 目標は「スマート」に立てる

目標は「経験」「勘」「何となく」で設定してはいけません。また、数字をおけばよいという単純な話でもありません。目標は「SMART（スマート）」に設定しなければなりません。SMARTは「頭のよい、賢明な」という意味の単語ですが、適切な目標設定に必要な視点をまとめたフレームワークでもあります（**図表41-1**）。

▶ **SMARTな目標設定** **図表41-1**

- **S（Specific）：明確性・具体性**
  誰から見ても明確でわかりやすく、具体的になっていること

- **M（Measurable）：計測性**
  目標の達成状況が簡単に計測できること。数字で計測できることが望ましい

- **A（Achievable）：達成可能性**
  目標が背伸びすれば達成でき、現実的であること。妄想や希望、簡単すぎるものはNG

- **R（Relevant）：連動性**
  会社や部門の戦略、方針と連動していること

- **T（Time-bound）：期限**
  目標を達成する期限が設定されていること

▶ **SMARTな目標設定の例** **図表41-2**

- **KGI**：1年後、60歳以上の退職シニアの月間来客数を10,000人にする
- **KPI①**：1年後、月間リピート顧客は7,000人
- **KPI②**：1年後、月間新規顧客は3,000人

目標として最悪なのは、「曖昧で抽象的で、測定できず、非現実的。さらに戦略と連動しておらず、期限が設定されていない」ものです。

SMARTのフレームワークに沿って、KGIとKPIを設定する

Chapter 5 マーケティングの目標設定と効果測定

● KGIとKPIを理解する

目標を設定する際に押さえておきたいのが KGI（Key Goal Indicator）とKPI（Key Performance Indicator）という概念です。KGIはビジネスの最終的な「結果指標」のことです。売り上げや利益、顧客満足度、従業員満足度などが設定されます。「売れる商品と売れる仕組みづくり」が目的のマーケティングでは、売り上げがKGIですね。そして、売り上げにいたるさまざまな過程の中で、特に重要な活動がKPIです。

現在はほとんどの人々が生活必需品を手にしているため、「これがないと生活が成り立たない（must have）」という強いニーズはほぼなく、「あったらいいな（nice to have）」という弱いニーズが基本となります。したがって、ある商品に出会って「すぐに買いたい！」と購入にいたるケースは稀です。知ってもらって、価値を理解してもらって、自分には必要だ……というふうに、段階的に購入意欲を高めてもらう必要があります。**図表41-3**のように、購入プロセスにおける重要な活動をKPIとして設定していきます。

▶ よくあるマーケティング施策のKPI **図表41-3**

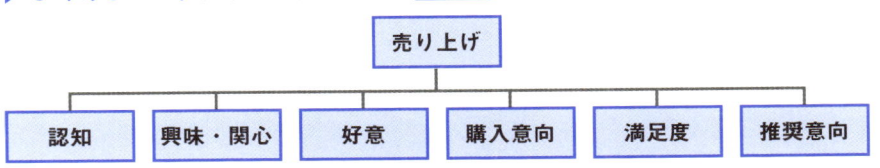

購入につながりやすいKPIとして定評があるのは、認知率（その商品を知っているか）、好意度（その商品が好きかどうか）、購入意向（その商品を買いたいかどうか）の3つです。

● 職責ごとにKGIとKPIは変わる

ところで、達成すべきKGIとKPIは職責によって変わります。どういうことかというと、マーケティング部長はマーケティング全体の責任者ですから、KGIは担当商品全体の売り上げとなり、売り上げにつながる重要な中間指標はすべてKPIとなります。Webマーケティング課長のKGIは、たとえば担当商品全体のWeb経由の資料請求数ですが、これは部長のKPI……というように、職責に応じてその指標がKGIだったりKPIだったりします。自分が実行する施策が直接的に影響を与える最上位の指標をKGIとし、KGIにつながる重要な中間指標をKPIとして設定していきましょう。

> **KPIを選ぶときには相関分析を行い、KGIに対して相関が高いものを選ぶとマーケティングの成功確率が高まります。**

[効果測定の視点]

42 効果測定の方法は あらかじめ検討しておく

**このレッスンの
ポイント**

マーケティング目標を設定したら、戦略・施策を実行する前に、あらかじめ効果測定方法を考えておくことが重要です。売り上げの増減、購買プロセスへの影響、戦略の振り返りなど、多面的な視点で効果測定の計画を立てましょう。

● やりっぱなしの施策が多い

マーケティングに限らずビジネス全般にいえることですが、戦略を考え、目標を立て、施策を実行したとしても、その成果をきちんと振り返らなければ、戦略や施策の有効性を確認できません。特に事業環境の変化が激しい現代においては、当初の計画通りに物事が進捗することは稀です。こまめな効果測定を通して、戦略や施策を柔軟に修正できるかがビジネスの成否を分けていきます。
この非常に重要な効果測定（振り返り）

ですが、忙しいビジネスパーソンが多いためか、十分に実施されているとはいえません。やりっぱなしで振り返りをしていない施策は思いのほか多いものです。また施策実行後に効果測定をしようと思い立っても、測定方法が見つけられなければ、そもそも効果測定はできません。
図表42-1 のステップでマーケティング目標を設定したら、戦略や施策を実行する前に、効果測定の方法を検討しておくことが重要です。

▶ **マーケティング戦略の4ステップ（再掲）** 図表42-1

STEP1 環境分析	STEP2 STPの分析	STEP3 マーケティング ミックスの策定	STEP4 目標設定 効果測定
① 顧客と市場の理解	① Segmentation （セグメンテーション）	① Product（商品）	① 目標設定
② 競合の理解	② Targeting （ターゲティング）	② Price（価格）	② 効果測定の方法を 考える
③ 自社の理解	③ Positioning （ポジショニング）	③ Place（流通）	重要！
		④ Promotion（価値訴求）	

目標を設定したら、どうやってマーケティング施策の効果を測定するかをあらかじめ決めておく

◯ 効果測定の基本的な考え方

マーケティングの定義は「売れる商品と売れる仕組みをつくること」なので、マーケティング活動の結果、売り上げが増えているかどうかが最も重要です。既存商品の改善、新商品の開発、テレビやWeb広告などによるコミュニケーション活動も、最終的には売上拡大が目的です。この大前提を忘れてはいけません。

ただし、実際にはマーケティングを行っても思うように売り上げが増えない、ということが残念ながら発生します。そのようなとき、マーケティングは何の効果もなかったのか？といわれるとそうではありません。コミュニケーション目的と同じように、マーケティングの目的にも段階があります。「商品の名前を覚えてもらう」「商品に好意を持ってもらう」「資料請求をしてもらう」「店頭に足を運んでもらう」といったことですね。売り上げが増えていなかったとしても、売り上げにつながる過程に何らかの変化を与えているはずなので、この変化も含めて効果を測定しなければ、マーケティング効果を正しく測定しているとはいえません。売り上げにつながる過程を別の言葉で言い換えると「購買プロセス」です。マーケティングの効果測定の基本は、売り上げと購買プロセスへの影響を測定するということになります。

◯ 戦略や計画とのギャップをしっかり分析する

売り上げや購買プロセスへの影響を測定してマーケティングの効果を可視化できたからといって満足してはいけません。売り上げが好調でも不調でも、戦略通りに売れたのか、売れなかったのかを振り返ることで、次のマーケティング戦略の精度が高まっていきます。

ターゲットが購入しているか、商品の提供価値は満足されているか、キーメッセージはしっかり届いているかなど、STPやマーケティングミックスの精度も振り返ることが重要です。

> 第1章でも伝えていますが、マーケティングには中長期的な市場創造やブランディングという役割もあるので、短期的な売上拡大が効果測定の指標として馴染まないケースもあります。

43

売上分析は4つの基本パターンを覚える

このレッスンの
ポイント

売上分析の基本は、売り上げを分解していくことです。分解された**各要素が目標に対してよかったのか悪かったのか**を確認することで、マーケティング戦略や施策を修正するためのヒントを得ることができます。

● 売り上げを分解していく

マーケティングの効果測定は売上分析からはじめます。とはいえ、そもそも分析方法を知らないと、分析すること自体が億劫になって後回しになってしまいますよね。ここで売上分析の基本的な考え方を理解しておきましょう。

売上分析とは、当たり前ですが「売上目標を達成しているか」を確認するという

ことです。

まずは達成か未達成かを確認しますが、それだけでは戦略や施策の改善につながらないので、売り上げを「商品が売れた個数（販売数）×平均単価」に分解します。そうすると、個数と単価それぞれの増減の組み合わせで 図表43-1 のように4つのパターンが発生します。

▶ 売上分析のパターン 図表43-1

売り上げ	=	販売数	×	平均単価	
❶ ⬆⬆		⬆		⬆	販売数も平均単価も目標を達成しているならば、提供価値が多くの顧客に支持され、価格とのバランスも納得されている
❷ ⬆⬇		⬆		⬇	平均単価のみが目標を下回っている場合、提供価値は支持されているが、割高な価格設定になっている可能性がある
❸ ⬇⬆		⬇		⬆	販売数のみが目標を下回っている場合、価値と価格のバランスは受容されているが、ターゲットに価値が届いていない可能性がある
❹ ⬇⬇		⬇		⬇	販売数も平均単価も目標を未達成ならば、マーケティング戦略を抜本的に見直さなければならない可能性がある

販売数と平均単価の増減を組み合わせて分析を行う。矢印は上向きが目標達成、下向きが未達を表す

Chapter 5

マーケティングの目標設定と効果測定

● マーケティング戦略を見直すには

販売数と平均単価のどちらが不調なのかを確認することで、マーケティング戦略を見直すヒントが得られます。販売数は目標を上回り、平均単価のみが目標を下回っている場合は、提供価値がニーズをとらえているため多くの顧客が購入しているものの、価格が割高だと思われている可能性があります。反対に平均単価は目標を上回り、販売数が目標を下回っている場合は、提供価値と価格のバランスは受容されているものの、商品の認知や理解が不十分で、ターゲットに価値がしっかり届いていない可能性があります。

こうした売上分析をより深く行っていくためには、各要素をさらに分解していきます。たとえば販売数をさらに分解すると「購入した顧客数×顧客の平均購入頻度」であり、平均単価は「平均正価ー平均値引き額」なので、売り上げの方程式は **図表43-2** のように表せます。

顧客の平均購入頻度が目標を下回っているならば、認知が低かったり、購入後の満足度が低かったりしてリピートが発生していない可能性が考えられ、値引きが増えて売価が下がっているならば、営業の商談力の問題や割高な価格設定の可能性などが考えられます。顧客数をさらに「顧客数＝既存顧客数＋新規顧客数」と分解して、新規顧客数は増えているものの既存顧客（リピート顧客）が減っていることが確認できれば、「新規顧客へのマーケティングを強化しすぎた結果、既存顧客への投資が疎かになっていた」という気づきを得ることができます。

▶ 売り上げを分解する 図表43-2

売り上げ ＝ **（顧客数×顧客の平均購入頻度）** × **（平均正価ー平均値引き額）**

この方程式でいえばKGIはもちろん売り上げだが、顧客数、顧客の購入頻度、正価、値引き額がKPI候補となる。これら中間指標の中で、売り上げに大きな影響を与え、マーケティング効果を反映する重要指標を事前にKPIに選定していく

👍 ワンポイント 何をどこまで分解すればよいのか

売上分析では「何をどこまで分解すればいいのか」という疑問がでてきますが、闇雲に分解してはいけません。売り上げが好調にしろ不調にしろ、その「原因の仮説」を考えて、その反応がでているであろう数字まで分解していきます。たとえば競合が自社と同スペックかつ低価格の商品を発売したならば、自社のライトユーザーから流出がはじまり、また全体的に単価下落の可能性が考えられるため、それを検証するというイメージです。

44
［広告の効果測定］
よくある効果測定①
「広告の効果測定」

**このレッスンの
ポイント**

> 生活者の購買プロセスの考え方を理解し、各プロセスに与えている影響を確認することで、<u>広告の効果</u>を適切に把握できます。商品によって購買プロセスは異なりますが、基礎知識として押さえておきましょう。

◯ 重要な広告の効果測定

マーケティング効果測定で最もよく行われているのは広告の効果測定です。広告を中心としたコミュニケーション活動はコストがかかるため、投資対効果はきちんと振り返らなければなりません。広告の投資対効果はROI、ROAS、CPAの3つの指標で確認するのが一般的です。各指標の詳細は 図表44-1 を参考にしてもらいたいのですが、KGIが利益ならばROI、売り上げならばROAS、コンバージョン獲得な

らばCPAと覚えるとよいでしょう。ROIで効果を確認できるのが理想ですが、最も基準が厳しい指標なので、必要に応じてROASやCPAなどを活用していきます。また、KGIが増えていなかったとしても、コミュニケーション活動は購買プロセスに何らかの変化を与えているはずです。したがって広告効果を正しく測定するために、「生活者の購買プロセス」への影響を確認する方法も押さえておきましょう。

▶ ROI・ROAS・CPAの詳細 図表44-1

- **R O I：Return On Investment**
  投資額に対して、どれだけ「利益」を得ることができたかを測る指標。
  広告の ROI の場合は、「利益 ÷ 投資額（広告費）×100％」で求める
- **ROAS：Return On Advertising Spend**
  広告費に対して、どれだけの「売り上げ」を得ることができたかを測る指標。
  「売り上げ ÷ 広告費 ×100％」で求める
- **CPA：Cost Per Acquisition**
  1件のコンバージョン（資料請求やアプリダウンロードなど）獲得にかかった費用。
  広告の運用成果を測る指標で「広告費 ÷ コンバージョン数」で求める

これらの3つの指標を用いて広告の効果を測定する

○ 代表的な購買プロセスの考え方

「購買プロセス」とは、生活者が何らかのきっかけで商品を知り、理解を深めながら購入意向を高め、最終的に購入に至る過程を表す言葉です。マーケティング業界で特に有名な購買プロセスの考え方は「AIDMA（アイドマ）」と「AISAS（アイサス）」の2つです。**図表44-2**でその内容を確認しましょう。

▶ AIDMAとAISAS 図表44-2

AIDMA

Attention	何かしらのきっかけで商品・サービスの存在を知り、
Interest	興味・関心を持ち、
Desire	欲しいと思うようになり、
Memory	商品を記憶して、
Action	最終的に購買する。

AISAS

Attention	何かしらのきっかけで商品・サービスの存在を知り、
Interest	興味・関心を持ち、
Search	興味・関心を持ったら検索し、
Action	購買に至って、
Share	体験や感想を共有する。

AIDMAが購入までなのに対し、AISASはシェア（共有）まで含めているのが特徴

AISAS は電通が商標登録しています。

○ オススメしたいAISCEAS

筆者がオススメしているのは「AISCEAS（アイシーズ）」という考え方です（**図表44-3**）。AISCEASは購買プロセスを非常に細かく分けており、単価が高く購買意志の決定に時間が必要な商材や、意思決定プロセスが複雑な商品に適した考え方です。さらに近年では、低単価な食品でも産地や原材料（アレルギー問題など）、トレーサビリティ（生産プロセスの追跡のしやすさ）を入念に確認したり、子ども向け商品や化粧品では細かな成分の違いをチェックするなど、すべての商材の購買プロセスが複雑化しているため、AISCEASモデルが適している商品が増えているように思います。

▶ AISCEAS 図表44-3

Attention	Interest	Search	Comparison	Examination	Action	Share
何かしらのきっかけで商品・サービスの存在を知り、	興味・関心を持ち、	興味・関心を持ったら検索し、	検索結果からよいの商品がよいかを比較し、	比較が完了してから具体的な購入を検討しはじめ、	最終的に購買に至り、	体験や感想を共有する。

AISCEASは、現在の複雑化した購買プロセスに対応している

NEXT PAGE ➡

● 購買プロセスごとに効果測定を行う

AISCEASなどの考え方を活用してリサーチを実施すると、購買プロセスごとのマーケティング効果を確認できます。**図表44-4** のグラフはある商品における購買プロセスをリサーチした結果イメージです。コミュニケーション施策を実行する前（事前）と後（事後）それぞれで、ターゲットと同じ属性の1,000人に対して、

「商品を知っていますか？」「商品に興味・関心はありますか？」「商品を購入しましたか？」のような質問を投げかけ、「Yes」と回答した人の数値の増減を確認します。数値が高まっている項目があれば、コミュニケーション施策に一定の効果があったと考えられます。

▶ AISCEASを活用した購買プロセスの事前・事後比較 図表44-4

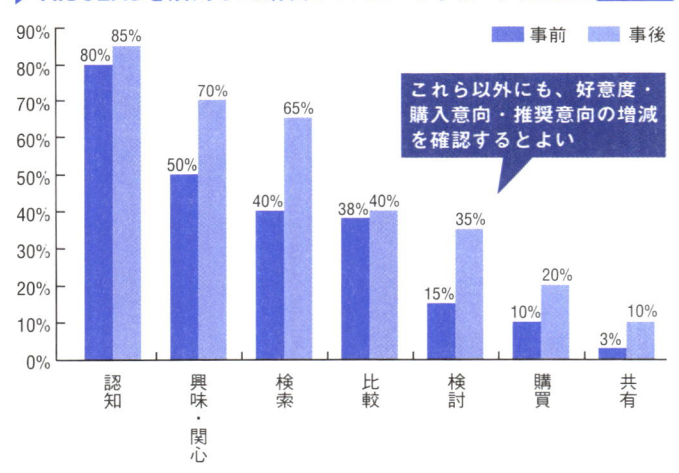

コミュニケーション施策が、購買プロセスのどの段階に有効だったかを事前調査と事後調査で振り返る。事後のほうが増えていれば、施策に効果があったといえる

👍 ワンポイント　要因分析でマーケティング戦略が進化する

広告効果測定では認知、興味関心、購入意向など、ターゲットの購買プロセスに与えた影響を確認しますが、効果があってもなくても「要因分析」を行いましょう。

効果があった場合はその理由や広告のどこが評価されているかを、効果がな

かった場合は原因や特に改善すべき点を洗い出しします。KGIやKPIの達成度だけでなく、要因分析で成果や課題、そして改善策を振り返っておけばマーケティング戦略が進化し、次回以降のマーケティングが成功しやすくなります。

○ 効果を解釈し、要因を分析する

図表44-4 を眺めてみると、ほぼすべての項目で数字が高まっているので、コミュニケーション施策は大成功だといえるでしょう。特に興味・関心を持った人が50％→70％、検索行動をした人が40％→65％と大きく増えているので、キーメッセージやクリエイティブがターゲットに有効だったと解釈できそうです。具体的な検討行動を開始した人も15％→35％と増えているので、ターゲットがWebページなどで比較検討した際に、商品の提供価値や特徴をわかりやすく訴求できていたと考えられます。このように購買プロセスへの影響を可視化することで、マーケティング活動がどのプロセスにどのような影響を与えているか、という効果測定を行うことができます。

購買プロセスへの効果測定をする場合、要因分析のために興味・関心を持った理由やきっかけ、購入した理由やきっかけなども合わせて確認します（図表44-5）。その回答の中で、「商品の広告をSNSで見たから」「駅前で試供品が配布されていたから」「店頭で陳列が目立っていたから」など、実行したマーケティング施策の効果がずばり現れることもあります。

▶ 購入のきっかけを確認する 図表44-5

Q. あなたが●●に興味を持ったキッカケを教えてください。

A.
- ☐ テレビCM
- ☐ 新聞広告
- ☐ 雑誌広告
- ☐ 折り込みチラシ
- ☐ SNS上の投稿
- ☐ SNS上の広告
- ☐ ブログ

- ☐ 屋外の看板・広告
- ☐ 試供品の配布
- ☐ ○○キャンペーン
- ☐ 店員からのススメ
- ☐ 店頭で目についたから
- ☐ 友人や知人との会話
- ☐ その他

実際に行ったコミュニケーション施策を質問の選択肢にすることで、どの施策が興味喚起につながったかを確認できる

> 仮にどのプロセスでもよい効果が出ていなかったとしても、「購買プロセスのどこで、どのような問題があったのか？」を考え、原因を突き止める要因分析は必須です。

よくある効果測定②「戦略GAP分析」

このレッスンの
ポイント

売り上げ（KGI）や購買プロセス（KPI）などの数値的側面だけでなく、マーケティング基本戦略で検討した内容についても、しっかり振り返る必要があります。そもそもの戦略がズレていたら、細かい施策の改善効果は限定的です。

● マーケティング戦略と現実のギャップを分析する

売り上げや購買プロセスへの影響に加えて、「誰が、何を、どのような理由で」購入しているかを確認することも効果測定では重要です。マーケティング基本戦略でターゲット、ターゲットのニーズ、ベネフィット（機能と情緒）、USPなどを考

えているので、それらが戦略どおり伝わっているのかを分析します。この分析が「戦略GAP分析」です。たとえばレッスン19で考えた会員制ファミレスの例の場合、図表45-1のようなギャップがないかをチェックします。

▶ 戦略GAP分析の意義 図表45-1

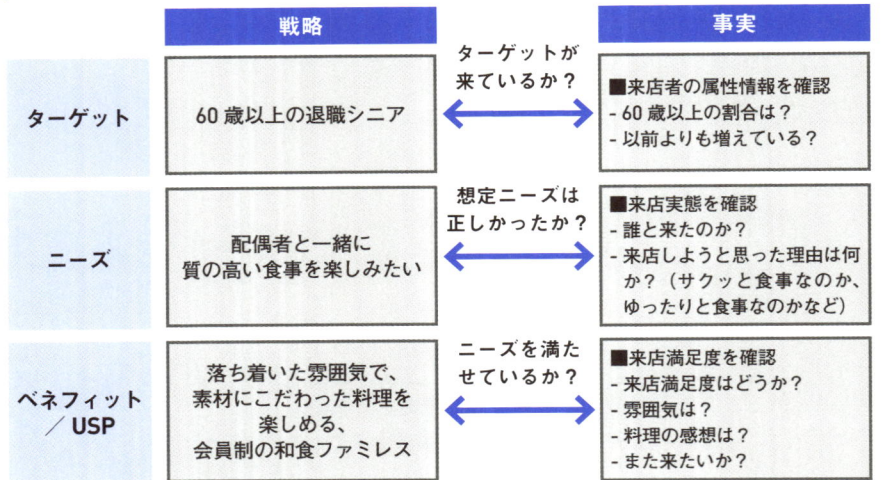

戦略と事実のギャップを確認。結果がポジティブであれネガティブであれ、ギャップがあるならば要因を分析して戦略や施策を修正する

◯ 誰が商品を購入しているか

まず誰が商品を購入しているか、特にターゲットの購入実態を確認します。

店舗や営業部門などの販売チャネルを保有している企業は、アンケートやヒアリングなどを通して購入者の情報を比較的簡単に集められます。自社会員を持っている企業であれば、顧客管理システムなどを使って顧客情報をすでに分析しているはずです。一方で販売チャネルや自社会員を持っていない企業は、調査会社からPOSデータなどの購買データを購入したり、別途リサーチを依頼したりします。いずれにしても商品購入者の性別、年齢、職業、居住地、年収などを把握して、「誰が商品を購入しているのか」「ターゲットが狙い通りに購入しているのか」を確認していきます。

◯ RFM分析で購入者の実態を深める

購入者の実態を深く把握するRFM分析という手法があります（**図表45-2**）。RFM分析では、購入者を「Recency（直近いつ）、Frequency（頻度や回数）、Monetary（購入金額）」の観点でランクづけします。たとえば、一定期間内の購入金額と購入頻度が多く、直近で購入してくれた顧客はもちろん最重要顧客です。一方で、年間の購入金額100万円×購入回数1回×直近購入時期は1年前の顧客と、年間の購入金額が70万円×購入回数10回×直近の購入時期は1か月以内の顧客のどちらを優先するかは判断が必要です。「結果としての合計金額（売り上げ）を優先する」、「回数が多い＝今後の売り上げアップが見込めると考えて回数・頻度を優先する」などマーケティング戦略や商品特性と照らし合わせて判断していきましょう。

なお、顧客ランクは「マーケティング施策が変えられる」ことが前提です。ランクが違っても、実行する施策が同じであればランク分けの意味がありません。

▶ RFM分析　図表45-2

顧客ごとにランク設定

顧客ID	Monentary	Recency	Frequency		Rank
A	1,000,000	1週間以内	20回以上		1
B	900,000	それ以降	10回以上		5
C	800,000	1か月以内	5回以上		3
D	700,000	1か月以内	15回以上		1
E	600,000	1週間以内	10回以上		2
F	500,000	3か月以内	5回以上		3
G	400,000	年内	10回以上		4

たとえば購買金額が高くても、Recencyを重視して顧客ランクを決めると、購入金額が大きい顧客Bの優先度は一番低くなる

RFM分析を行う際は、M×R×Fの組み合わせで顧客ランクを設定する。ランクは「マーケティング施策が変えられること」を前提に設定する

○ 満足度や今後の購入意向を確認する

次に確認するのは購入理由です。顧客は何らかの未充足ニーズを満たすために商品を購入するので、購入理由を聞くことでどんなニーズを抱えていたかが確認できます。想定通りのニーズであればよいですが、そうでなかったとしても、新しいニーズが発見できればそれでよしとしましょう。

また、あわせて満足度や今後の購入意向も確認します。ターゲットが想定通りに購入してくれたとしても、満足度や今後の購入意向が低ければリピート購入が期

待できません。満足度や購入意向が高いかどうかを知ることで、売上減少リスクを事前に察知できます。またそれらの理由も書いてもらえば「思ったより値段が高かった」「広告の印象と違ってがっかりした」「置いてある店舗を見つけるのに苦労した」など具体的な不満点を把握できるので、マーケティングミックスの改善にもつながります。**図表45-3**のようなアンケートを活用して確認するとよいでしょう。

▶ 顧客満足や購入意向の聴き方 **図表45-3**

Q. あなたは●●を購入・利用してどの程度満足しましたか? 理由と合わせてお答えください。

□	満足している（購入したい）	理由：
□	まぁ満足している（まぁ購入したい）	理由：
□	どちらともいえない	理由：
□	あまり満足していない（あまり購入したくない）	理由：
□	満足していない（購入したくない）	理由：

紙やWebのフォームなどで簡単に答えられる内容を聴くと集めやすい

👍 ワンポイント　効果測定はできることからはじめる

効果測定の方法は、マーケティング施策の中身や商品によってさまざまですが、調査会社に依頼する必要があったり、Web広告の効果測定が可能なツールを導入したりと、何かとお金がかかるものです。しかし、だからといって

効果測定を行わなければマーケティングは進化しないままです。自前で来店者アンケートを実施する、Google Analyticsの使い方を学んでやってみるなど、できることからはじめていきましょう。

数字をチェックする際の注意点

ところで、こうした数字の結果を確認するときには少し注意が必要です。満足度を例に考えてみましょう。満足度調査の場合、満足している／まぁ満足しているの合計値を Top2 Box、あまり満足していない／満足していないの合計値を Bottom2 Boxとして集計することが多いのですが、多くの調査結果でTop2 Boxが60%を超え、さらには70%や80%といった高い数値も頻出します。その結果をもって「自社商品は多くの方に満足されているから問題ない」と判断してはいけません。さらに分析を進めて「まぁ満足している」や「どちらともいえない」を選

んだ人の理由を読み込んでみると、実態としては「特段悪くはなかったが、総じて満足していない」というコメントが見られ、どちらかといえば不満足寄りの意見が多いことがあります。

日本人の回答傾向として、よほど悪い印象を持たない限りは「あまり満足していない／満足していない」にチェックをつけないということがあります。つまりTop2の数字は実態よりも高い数値になりやすいのです。理由の文章をしっかり読み込んで判断したり、Top2ではなくTop Boxの数値に着目したりするなど、現実的に効果を見極めていく姿勢が大切です。

▶ 数字に表れない不満足を読み取る 図表45-4

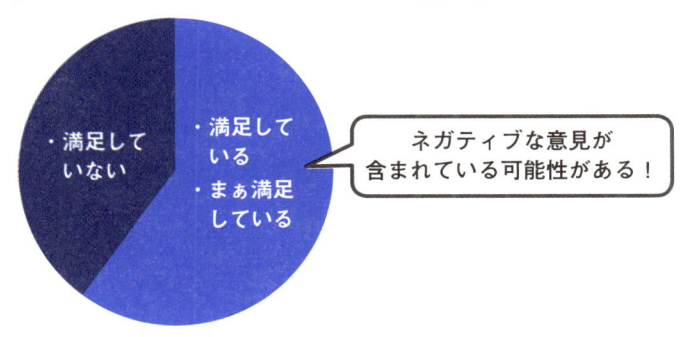

- 満足していない
- 満足している
- まぁ満足している

ネガティブな意見が含まれている可能性がある！

全体として満足している回答が多い場合でも、そのなかに不満が潜んでいることがある

効果測定を行って PDCA をまわせば、マーケティング戦略が進化するため、次回のマーケティングの成功確率が高まっていきます。

目標設定のポイントは三位一体

マーケティングの目標を考える際に、売り上げや利益がKGIとして設定され、そこにつながる鍵となる活動をKPIとして設定してくのは本章で伝えた通りですが、売上偏重にならないよう注意が必要です。顧客は商品を買うことが目的ではなく、商品を通してニーズを満たすことが目的です。したがってニーズが満たされたかどうか＝顧客満足（Customer Satisfaction）もKGIとして設定されるべきです。ただし、顧客ニーズに応えすぎると商品の収益力が悪化したり、過剰品質の商品やサービスが生まれたりすることにもつながるので、顧客の神格化は好ましくありません。

売り上げ、利益と顧客満足度をセットで、バランスよく目標設定することが重要です。

さらに付け加えると、その商品やサービスを提供する従業員が気持ちよく働いていなければ、それらが持つ価値が最大化されません。したがって従業員満足（Employee Satisfaction）も同じく重要です。目標設定は「売り上げ（利益）・CS・ES」が三位一体となってバランスよく追求されるべきなのです。こうした考え方はマーケティングの目標設定のみならず、経営の目標設定にも通ずる原理原則です。

▶ **目標設定の原理原則** 図表45-5

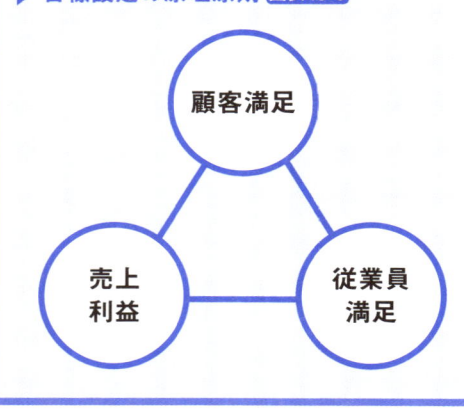

これら3つをバランスよく実現していくことが重要

Chapter

6

デジタル
マーケティングの
基本を理解しよう

現代マーケティングでは、マーケティング戦略の4ステップすべてにおいて、デジタルマーケティングの影響を考える必要があります。第6章ではデジタルマーケティグの基本を理解していきましょう。

[デジタルマーケティング]

46 デジタルマーケティングとは何か？

**このレッスンの
ポイント**

デジタルマーケティングの本質は、<u>マーケティング全体の
デジタル化</u>です。そしてデジタル化は「データ化」「高速化」
「二極化」という大きな変化をもたらしています。その意
味するところを理解しておきましょう。

◯ デジタルマーケティングの意味

「デジタルマーケティング」とは、文字通りデジタル化したマーケティングを指します。似た言葉として「Webマーケティング」というものがあり、どちらも同じ意味でとらえられているケースがありますが、デジタルマーケティングは、Webマーケティングを内包したより広い概念です。

たとえばデジタルマーケティングという言葉が「従来のテレビや新聞、雑誌などのマスメディアのみならず、SNSなどのWebメディアをマーケティングに積極活用する」という意味合いで用いられている場合がありますが、これは狭義といえます。デジタル化の意味は<u>テクノロジーを活用してマーケティング全体をデジタル化（Digitalization）していく</u>、ということです。具体的には、 図表46-1 で示したように、ステップ1〜ステップ6までの全プロセスをデジタル化します。

▶ **マーケティング全体をデジタル化する** 図表46-1

STEP1 環境分析	STEP2 STP策定	STEP3 マーケティングミックスの策定	STEP4 目標設定 効果測定	STEP5 戦略・施策の実行	STEP6 効果の測定と検証

← デジタル化を考慮した戦略立案 →　← 施策実行におけるデジタル化 →

マーケティング戦略を策定する各プロセスをデジタル化する

2015年に行われた World Marketing Summit Japan
にて、フィリップ・コトラー教授が「Digitalize or
Die」と発言し、マーケティングのデジタル化を促し
たのは有名な話です。

● デジタル化とは？

「デジタル化」とは、あらゆる活動がWeb上で完結していくということです。お店に買い物へ行くという行動がインターネット上で完結するようになり、広告の配信先がテレビからインターネットとなり、各種の調査も紙のアンケートからインターネットリサーチへ大きくシフトしました。

こうしたデジタル化が、ビジネスの環境に 図表46-2 のように3つの大きな変化をもたらしています。1つは「データ化」です。私たちが暮らす社会はIoT化が進み、1人1人の行動がデジタルデータ化され、企業に蓄積されるようになりました。これにより顧客理解におけるデジタルデータの活用が進み、さらにはビジネスの意思決定においても、データ活用が大前提になっています。

2つ目は「高速化」です。デジタル化はテクノロジーの活用によってもたらされます。そしてテクノロジーの業務処理速度は人間が行うよりも格段に速いため、ビジネスの推進スピードが日に日に高速化しています。たとえばかつて実行に1か月かかっていたリサーチが、いまでは3日、ものによっては即時に完了します。高速化を推し進めると、最終的に作業は自動化します。

そして最後は「二極化」です。データ分析ができなければデータ化の波に乗れず、高速化や自動化は仕事の遅い人、単純作業しかできない人から仕事を奪います。ビジネスの世界はこうした時代の変化に乗ってビジネスを成功させる人と、乗り遅れて仕事がなくなっていく人へと、緩やかに二極化していきます。

▶ デジタル化がもたらす変化 図表46-2

データ化	高速化	二極化

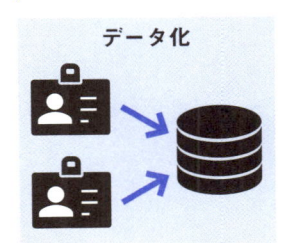  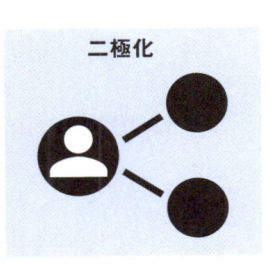

デジタル化によって企業にデータが蓄積され、テクノロジーによってデータを高速に扱えるようになった。一方で、デジタルを活用できるかどうかで二極化が進む

> デジタルマーケティングの本質はデータとテクノロジーに活用によって、従来のマーケティングを進化させることです。データとテクノロジーの活用が目的になってはいけません。

47

戦略に影響を与える
マーケティングテクノロジー

**このレッスンの
ポイント**

いくつかのマーケティングテクノロジーは、マーケティング戦略に大きな影響を与えており、その影響範囲は今後も拡大していきます。このレッスンではテクノロジーが戦略に影響を与える範囲を俯瞰して確認しておきましょう。

○ 膨大なマーケティングテクノロジー

マーケティングテクノロジーとは、「デジタルマーケティングを支える技術やサービス」のことです。たとえば検索連動型広告もその1つですし、アフィリエイトやSNSもマーケティングに活用できるのでマーケティングテクノロジーとなります。データ分析ツールやマーケティングオー

トメーションツールなども同様です。マーケティングの担当者としては、目的ごとにどのようなテクノロジーがあり、何ができるのかを把握しておくに越したことはありません。特に自分のマーケティング戦略に関わる領域については、しっかりとキャッチアップしておきましょう。

👍ワンポイント　カオスマップを見てみよう

マーケティングテクノロジーは、目的ごとにさまざまなツールやサービスがあり、全貌を把握するのは大変です。どのくらいテクノロジーがあるかを把握するツールとして、「カオスマップ」があります。
アンダーワークス株式会社が公表している「マーケティングテクノロジーのカオスマップ2018」では、12分野485のテクノロジーが紹介されています。

12分野とは、広告、ソーシャル／外部メディア、メール、オフライン、セールス、EC、コンテンツ管理、最適化／自動化、データマネジメント、データ分析、ネットワーク／インフラ／アプリ、スイーツです。もちろんここにすべてが網羅されているわけではないのですが、少なくとも485個のテクノロジーがあるということはわかります。

戦略に影響を与えるテクノロジーを知る

すべてのテクノロジーの詳細を理解するのは不可能であり、その必要もありません。ただ、マーケティング戦略に大きな影響を与えるテクノロジーは押さえておきたいところです。

戦略立案においては、テクノロジーで「何ができて、何ができないか」を把握することが重要です。できないことを知らなければ戦略は絵に描いた餅となり、できることを知らなければ戦略に広がりが出せません。第1章から第5章まででマーケティング戦略立案の4ステップを説明しましたが、その中でもデジタル化の影響が大きな部分があります。**図表47-1** を参考に、1つずつ見ていきましょう。

まずは「顧客と市場の理解」です。このステップでは、顧客理解に活用できるデータが膨大になっていること、そしてそれらデータを活用したCRM（レッスン50参照）が改めて注目されていることが近年の大きな変化です。「ターゲティング」においては、ターゲットへのリーチ可能性を考える際に、Web上でのリーチをどう設計するかがますます重要になっています。「マーケティングミックス」においては、以前からデジタル化が全般的に進んでいますが、そのスピードが加速しています。特に「プロモーション、コミュニケーション」におけるデジタル化は顕著です。そして最後は「効果測定」です。テクノロジーの活用によって、リアルタイムでの効果測定が可能な時代になってきました。次レッスン以降でそれぞれの具体的な影響を確認していきます。

▶ 戦略立案におけるデジタル化の影響 図表47-1

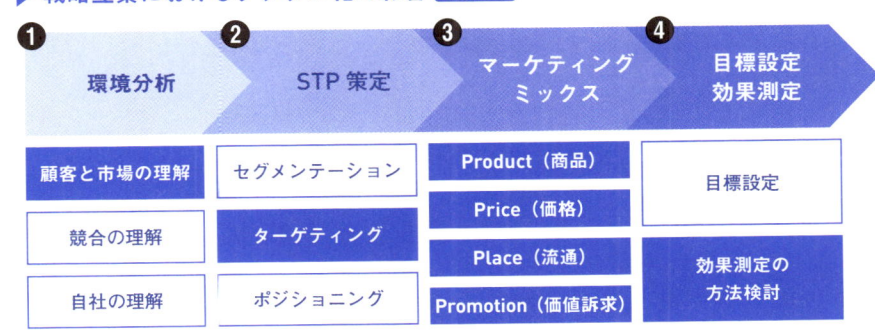

マーケティング戦略立案の4ステップ中、「顧客と市場の理解」「ターゲティング」「4P」「効果測定」においてデジタル化の影響が大きい

> カオスマップを見れば一目瞭然ですが、戦術レベルまで見ていくとデジタル化の影響は測り知れません。まずは大きなトレンドを押さえておきましょう。

このレッスンの
ポイント

あらゆる行動情報がデータ化していますが、人間のニーズやインサイトを把握するにはデジタルデータだけでは不十分です。アンケートやインタビューなど「なぜ？」を引き出せる手法と組み合わせた統合分析が注目されています。

〇 デジタルデータの特徴＝事実を伝えるデータ

デジタルデータの多くは人間の記憶に頼らないデータなので、「事実データ」とも呼ばれます。たとえば私たちは、1週間前にコンビニで何を購入したか、昨日どんなWebページを閲覧して、どんな広告をクリックしたかなどは覚えていません。しかしデジタルデータには購入履歴や閲覧履歴、クリック履歴などがすべて記録

されています。事実データは本人が覚えていない行動の足跡を教えてくれるため、アンケートやインタビューなどでは顕在化しない細部の情報を把握できます。
一方、アンケートやインタビューなど記憶がベースになっているデータを「意識データ」と呼びます。それぞれ 図表48-1 のような特徴があります。

▶ 事実データと意識データ 図表48-1

事実データ

> **取得方法**：端末やテクノロジーを活用して
> 　　　　　　Web ログや購買ログなどを収集
> **特徴**：
> ・事実がベース
> ・何を閲覧したか、購入したかなどを記憶によらずに事実として表す
> ・人が覚えていない行動の足あとを把握できる
> ・端末に蓄積されていないことはわからない
> ・データの加工が大変

意識データ

> **取得方法**：アンケートやインタビューで収集
> **特徴**：
> ・記憶がベース
> ・行動の理由やきっかけなど、人の気持ちを表すデータ
> ・人が覚えていることであれば、何でも引き出すことができる
> ・自分が強く意識していない行動については聴かれても回答できないため、把握できない
> ・記憶がベースなので、精度に不安が残る場合もある

事実データと意識データを統合することで、より深い分析が可能となる

● 事実データだけではニーズがわからない

デジタルデータの多くを占める事実データを分析すればいままでよりも顧客理解が深まるかといえば、そう単純ではありません。理由は2つあります。1つは取得できるデータ量が少ないという問題で、もう1つは事実データを取得できたとしても、その行動の理由はわからない、というデータの質の問題です。

前者は、自分の購買行動を振り返ると理解しやすいでしょう。私たちは日々の生活で、コンビニやアマゾンなど、さまざまなチャネルでいろいろな商品を購入していますが、すべての購買データを保有している企業は存在しません。企業は自社が保有している限られた情報から顧客の購買活動全体を推測していますが、その精度にはまだ改善の余地があります。

データの質については、たとえば私が自動車のサイトをしばらく見ていた後に、家電製品を何種類かチェックしていたが買わずに、最終的にECサイトで青汁を10箱も購入したとします。

「なぜ自動車や家電は買わずに、青汁を10箱も購入したのだろう？」という理由は事実データからはわかりません。理由がわからなければ顧客ニーズもわかりません。結果として、冷蔵庫を買ってもらう方法や青汁を次回も買ってもらう方法、つまりマーケティング施策の具体的なアイデアにもつながりません。

● 事実データと意識データを統合する

事実データの課題を解決できるのが、アンケートやインタビューです。「なぜ青汁を10箱も購入したのですか？」「その前に自動車や家電を見ていたのはなぜですか？」と直接聴けば、「そろそろ結婚を考えていて、新生活に必要なものを調べていたのですが、まずは何より健康が大事だと思ったので」という回答を得られるでしょう。人間の価値観やライフスタイルは、デジタルデータだけで読み解けるほど単純ではありません。顧客ニーズをとらえるには、顧客の気持ちを直接確めることが非常に重要です。

意識データと事実データはそれぞれメリットとデメリットがあり、その特徴は補完関係です。今後は、事実データと意識データを組み合わせた統合分析による顧客理解が重要になってくるでしょう。

> 👍 **ワンポイント　価値が高まるスマホの市場データ**
>
> 私たちは、とにかく四六時中スマホと一緒です。スマホにどんなアプリをインストールしていて、どのくらい使っているのかというデータが、その人の行動や価値観を最も反映しているといってもよいかもしれません。こうした時代背景を受けて、App Annie、App Apeなどのアプリマーケットの分析ツールが注目されています。

49 高まるCRMの重要性

このレッスンの
ポイント

> 顧客データが増え、テクノロジーが進歩したことによって、「**既存顧客との絆を深め、ファンになってもらう活動**」である**CRM**が実践しやすくなっています。このレッスンでは**CRMの基本と重要性**を理解しておきましょう。

⬤ 顧客接点の中心はスマートフォンに

人々の行動がデータ化される背景には「スマートフォンの普及」があります。情報通信白書（総務省・平成30年度版）によると、2017年時点でスマートフォンの世帯保有率は75.1%であり、さらに60代もおよそ2人に1人はスマートフォンを保有しています。

スマートフォンは肌身離さず持ち歩くため、企業からすれば顧客とコミュニケーションをとれる絶好の接点です。私たちの生活に馴染みがあるお店でも、少し前までは会員カードを提示していましたが、いまではアプリ内のバーコードを提示するのが当たり前になりましたね。アプリにはポイントが貯まり、クーポンなどのさまざまな情報が届けられます。多くの企業はスマートフォン向けのアプリを通して積極的なコミュニケーションを行っています。このように、企業が顧客との関係をより深めるための取り組みをCRM（Customer Relationship Management）といいます。

👍 ワンポイント　CRMが注目される理由

CRMが注目されているのは、企業が保有するデータが増えたことに加えて、新規顧客の開拓が難しくなっているという背景があります。いまの生活者は商品やサービスの消費（購入）よりもコンテンツの消費（閲覧）を求めています。コンテンツは無料で得られるものも多く、そこにはお金のやり取りが生まれません。世の中のさまざまなコンテンツが、自社商品の競合になっているともいえます。そのような時代に新規顧客に商品を購入してもらうのは難しいため、既存顧客へのリピート購入や単価向上を実現するためにCRMに力を入れる企業が増えています。

● 進化しているCRM

CRMでまずやるべきことは、レッスン9で解説したHMLN分析です。既存顧客の購入理由や利用状況などを丁寧に把握していきます。CRMで大切なのは、「いかに1人1人の顧客に寄り添えるか」ということです。たとえばある高級レストランに行ったとき、「中野様、今回で来店10回目ですね、いつも誠にありがとうございます。お子様も来年小学生ですね、おめでとうございます。本日のオススメ料理は○○です。前回お召し上がりになっていないので、ぜひご検討ください。」といった対応をされたら感激するでしょう。このような「神対応」を提供するには、図表49-1 のように来店回数、子どもの有無や年齢、

前回の注文料理などその顧客のさまざまな情報を把握し、適切なタイミングと方法で接客に活かさなければなりませんが、これまでのように紙やExcelなどで顧客情報を管理していてはこのような対応はできません。データやテクノロジーを活用することで顧客情報が蓄積され、いつでも取り出せるようになるのです。その結果、顧客1人1人の理解が深まり、洗練された接客が可能となります。

ちなみにCRMツールでは、株式会社セールスフォース・ドットコムが提供しているSalesforceやシナジーマーケティング株式会社のSynergy!などが有名です。

▶ CRMの進化 図表49-1

企業と顧客の関係性を構築し、深めるためにもCRMの活用は欠かせない

なお、情報は活用の方法を間違えると不安や不信を与えます。「昨日、弊社のホームページの○○を見ておられましたよね？」などと話しかけられたら、気分を害するだけなので活用には十分な配慮も必要です。

Lesson [DMP]
50
マーケティング施策に不可欠なDMP

このレッスンの
ポイント

企業が保有するデータが増えたことで、そのデータを適切に管理して、有効活用するためのプラットフォームが必要になりました。そこで開発されたのが**DMP**です。マーケティング施策に不可欠な**DMP**の基本を理解しましょう。

⭕ DMPはデータを蓄積する箱

かつて企業が保有するデータといえば、売上データや従業員データがメインでした。しかし近年では、多くの企業が会員プログラムをはじめたり、キャンペーンを実施したりして個人情報を取得しています。そのため会員や登録者の属性情報やサイト閲覧情報など、大量のデータを保有するようになりました。またECサイトを保有していれば購買情報、ポイントプログラムを保有していればポイントの

付与情報・交換情報、企業SNSを運用していればSNSデータなど非常に多くのデータが発生します。

このように、多くの企業が企業活動を通してさまざまなデータを保有するようになったため、社内にデータを蓄積し、データを有効に活用するための専用の「箱」が必要になりました。この箱がDMP（Data Management Platform）です（**図表50-1**）。

▶ **DMPの役割** 図表50-1

データの蓄積
- 自社サイトの閲覧情報
- 自社顧客の属性情報や購買情報
など
- 他社サイトの閲覧情報
- 他社会員の属性情報や購買情報
- SNSデータ
- 広告接触データ
など

データの分析
- アクセス解析
- サイト来訪者の属性分析
- サイト内の回遊状況分析など

データの活用

DMPには、データを蓄積、分析して活用する機能が備わっている

● DMPを導入すると他社データとつながる

DMPには通常のデータベースとは異なる3つの特徴があります。1つは自社データと外部データを統合して保管できること。2つ目はデータをつなげて分析できること。3つ目は分析した結果をもとに広告やクーポンを配信するなど、マーケティング施策にそのままつなげられる、ということです。

通常、自社以外のマーケティングデータを手に入れることはできません。しかしDMPを導入すると、そのDMPに格納され

ているさまざまな他社データとつながります。他社データには、顧客の属性情報、ECサイト内の購買情報、SNSデータ、広告配信や接触情報などがあります。もちろんいずれも個人が特定できないように加工された情報です。

これら他社データと自社データをつなげて分析し、効果的なタイミングでの広告やクーポンの配信を実現できることが、DMPの大きな特徴でありメリットです。

● 自社会員以外のサイト来訪者の特徴がわかる

事例を挙げて解説しましょう。たとえば自社のECサイトに訪れた人を、DMPを使って「会員」「非会員」に分類します。技術的な説明は割愛しますが、自社会員と他社会員を識別できる技術があると覚えておいてください。

会員については自社に情報があるので特徴を分析できますが、通常、非会員（自社会員ではない人）の情報はありません。しかしDMPが導入されていれば、非会員の持つCookie情報（レッスン53）とDMP

に格納されているさまざまな情報を関連づけて分析することで、たとえば「この非会員は30代男性で外車に興味を持っている可能性が高い」のように推測ができます。そうして、この非会員に対してBMWやメルセデスベンツなどの新車情報や購入者の体験談などのコンテンツを配信すれば、購入意向が高められるでしょう。DMPの導入によってマーケティング施策の効率が大きく改善されます。

> DMPの構築や導入を支援してくれる企業はたくさんありますが、導入が目的になってはいけません。DMPを導入後に実行したい施策、そして導入後に得たいマーケティング効果を明確にしなければ、使いこなすことはできません。

Lesson 51 ［CRMの事例］
テクノロジーを活用した CRMの成功事例

このレッスンの ポイント

CRMで成果を得るためには、<u>マーケティング戦略</u>の考え方、<u>マーケティングテクノロジーの知見</u>、そして成果につなげるための<u>コミットメント</u>が必要です。本レッスンで紹介する事例を通して、その流れをつかんでおきましょう。

● 顧客にファンになってもらう

CRMが浸透し、企業が考えるべき生活者の購買プロセスも変化しています。「購買」や「共有」で終わりではなく、最終的には企業以上にその商品の魅力を発信する伝道者（エヴァンジェリスト）になってもらうことがゴール、と考えます。マーケテ

ィング業界では購入までのプロセスを「購買ファネル」と呼び、購入後のプロセスを「インフルエンスファネル」と呼びます。そして、購買ファネルとインフルエンスファネルを統合したファネルを「デュアルファネル」といいます（図表51-1）。

▶ デュアルファネルとは 図表51-1

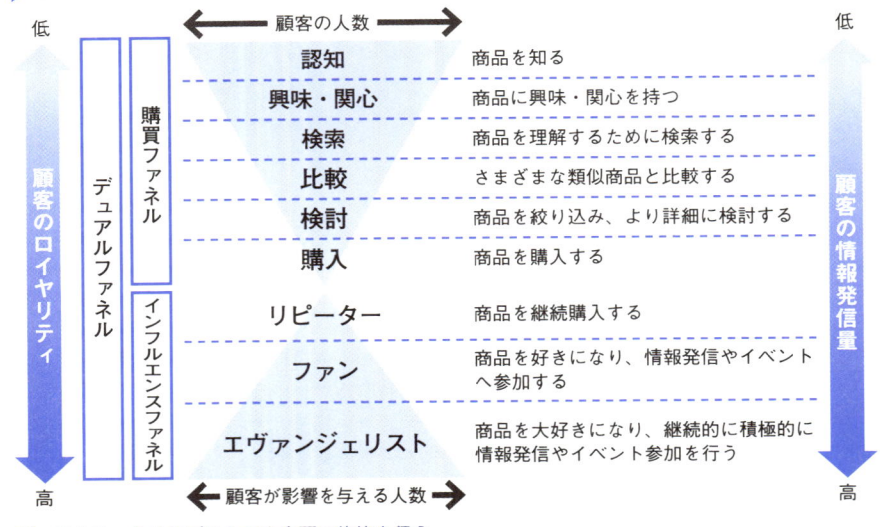

認知	商品を知る
興味・関心	商品に興味・関心を持つ
検索	商品を理解するために検索する
比較	さまざまな類似商品と比較する
検討	商品を絞り込み、より詳細に検討する
購入	商品を購入する
リピーター	商品を継続購入する
ファン	商品を好きになり、情報発信やイベントへ参加する
エヴァンジェリスト	商品を大好きになり、継続的に積極的に情報発信やイベント参加を行う

デュアルファネルのプロセスを念頭に施策を行う

⭘ CRMの成功事例

デュアルファネルの実践は非常に困難です。商品の認知〜購買までの意欲を高めるだけでも大変なのに、さらにファンやエヴァンジェリストになってもらうことを狙うわけなので、骨太な戦略と実行し続けるための強い意志が必要です。ここでは筆者がお手伝いした「コンテンツメディアの活性化プロジェクト」を題材に、CRMの成功事例をお伝えします。

あるコンテンツメディアの会員になると、メルマガや動画、ゲーム、イベントなどさまざまなコンテンツが配信されます。会員はマイページにログインして、コンテンツを視聴したり、イベントに参加したりすることで企業からポイントを付与されます。企業はそのメディアに掲載している広告で収益を上げています。その企業にとっては、活動に積極的な会員が増えてメディアの価値が高まれば、広告枠の価値も高まるので収益が増えていきます。したがって「会員の新規獲得→継続的なコンテンツ参加促進→エヴァンジェリストとして新しい会員を連れて来てもらう」というCRMの実践が必要になっていました。

⭘ 具体的な施策の数々

まずは既存顧客の理解のためにHMLN分析をします。今回は、1か月間のコンテンツ視聴やイベント参加などの活動状況ごとに会員を分類し、各セグメントごとにリサーチやインタビューを実施しました。その結果、ヘビーユーザーは「会員同士のコミュニケーションや企業とのつながりが感じられて楽しい」、ミドルユーザーは「ポイントが貯まるのが嬉しい」、ライトユーザーは「何となく暇つぶしでやっている」というニーズの違いが鮮明になりました。これら顧客ニーズをもとに新規会員の獲得プランを考えていくわけですが、残念ながらテレビCMや大規模なイベントを行うマーケティング予算はありません。必然的に集客の中心はデジタル広告や広報が中心となります。ヘビーユーザー向けには「企業　応援」、ミドルユーザー向けには「ポイント　お小遣い稼ぎ」、ライトユーザーには「暇つぶし　おすすめ」のように、検索キーワードを想像しながらリスティングを中心に広告を出稿。もちろん、競合メディアが力を入れているキーワードを分析し、そのキーワードのニーズを満たすWebページも大量制作します。

> 一般生活者がポイントを貯めるという活動は、見方を変えれば「誰でもできる副業」なので、副業時代におけるオススメのメディアという軸でテレビ局に提案をしたところ、いくつかの番組内で取り上げてもらうことができました。いわゆる広報活動です。

○ 予算を変えずに新規顧客の獲得が2倍

結果として、会員登録サイトを訪れる人は増えたのですが、一方で登録完了まで進まずに離脱する人も数多く発生していました。したがってDMPを導入し、登録せずにサイトを離脱してしまった人に対してはリターゲティング広告を配信。また仮登録までいったものの本登録に進ま

なかった人には、自動的に登録促進や会員になるメリットを伝えるメール配信をするなど、マーケティングオートメーションツールも導入しました。これら一連の施策を5年間継続した結果、予算は変えずに、2倍の新規会員獲得を実現できました。

○ 大切なのは「具体的な感謝」

ただし、登録完了がゴールではありません。活動に継続的に参加してもらって、最終的にはファンやエヴァジェリストになってもらいたいわけですから、より積極的に活動してもらう施策が必要です。そこで、3か月間の活動状況に応じてプラチナ、ゴールド、シルバー、ブロンズのような会員ランクを設定し、ランクごとに感謝の言葉とプレゼントを送るとい

う会員プログラムを開発しました。会員活性化で重要なのは質の高いコミュニケーションとインセンティブなので、ランクがプラチナ（＝超ヘビーユーザー）の会員にはこの上ない感謝の言葉と豪華景品、ランクがブロンズ（＝ライトユーザー）の会員には通常の感謝とささやかな景品、という具合です（図表51-2）。

▶ **会員プログラムのイメージ** 図表51-2

			コミュニケーション	インセンティブ
超ヘビーユーザー	プラチナ 🏅🏅🏅🏅🏅		いつも大変お世話になっております。●●様のお陰で、弊社の事業が成長できております。先月も▲▲回の活動に参加いただきました。社員一同、御礼申し上げます。	・超豪華景品 ・特別プログラムの案内 ・座談会への招待 ・電話や紙でコンタクト
ヘビーユーザー	ゴールド 🏅🏅🏅		先月は▲▲回の活動に参加いただきました。いつも積極的に活動に参加してくださり、心からありがとうございます。	・豪華景品 ・特別プログラムの案内
ミドルユーザー	シルバー 🏅🏅		先月は▲▲回の活動に参加いただきました。いつも誠にありがとうございます。	・通常景品
ライトユーザー	ブロンズ 🏅		いつもありがとうございます。	・ささやかな景品

ランク（活動状況）ごとに届けるコミュニケーションとインセンティブを徹底的に考える

● 会員1人1人に対してコミュニケーションを行う

特に効果が大きかったのが「具体的な感謝」です。

実はプログラムを本格的に導入する前に、同じ活動状況の会員に対して、「いつも本当にありがとうございます。○○様が月に○○回も活動してくださっているお陰で、私たちのビジネスが成り立っています」のように、具体的な活動の数字とともに感謝の言葉を届けた会員と、「いつもありがとうございます。」と感謝の言葉だけを届けた会員を比べたのです。その結果、後者の会員の活動が微減したのに対して前者の会員の活動状況が、月に100回から110回へと10％も向上していました。

ともに感謝を伝えてはいますが、会員1人1人の活動状況を理解したコミュニケーションの効果が証明されました瞬間でした。

さらに、プラチナやゴールドのような活動状況が高い会員に対しては、「定期的に社員が電話で直接感謝を伝える」「会員同士が交流できる座談会の実施」「エヴァンジェリストがお友達を紹介してくれたら、社員に配布している非売品やお手製の感謝状を郵送する」という「お友達紹介プログラム」の実行などを行いました。

これら新規獲得〜エヴァンジェリスト化までのCRM戦略をつくり、会員プログラムの開発やマーケティングテクノロジーの積極導入、さらには施策を安定運用できる組織構築など、すべてを実現するには数年かかりましたが、骨太な戦略と意志を持って戦略を実行し続けた結果、いまでもアクティブな会員が増え続けています。1つの成功事例になったといえるでしょう。

> **CRM で成果を出すポイントは、顧客ニーズを理解し、戦略を立て、ニーズを満たすコミュニケーションを強い意志で継続し続けることです。テクノロジーはその実現をサポートする強力な武器です。**

👍 ワンポイント　カスタマーサポートチームの充実も鍵

CRMで成果を出すためには、充実したカスタマーサポートチームが必須です。定型のメール配信や問い合わせ対応はテクノロジーで自動化できますが、機械的な対応ではファンやエヴァンジェリストになってもらえません。心に響く感謝メール、日々の真摯な問い合わせ対応、SNSや座談会を活用した双方向のコミュニケーションなど、カスタマーサポートチームがホスピタリティをもって戦略を実行し、時には顧客目線で戦略や施策を柔軟に改善していくからこそ、常に顧客に寄り添った対応が可能になります。

Lesson ［ターゲティング］

52 デジタル時代の ターゲティング

このレッスンの
ポイント

> 行動情報のデータ化は、生活者がインターネットとつながっている時間が増えていることを意味しています。現代マーケティングでは、<u>デジタルとノンデジタル</u>という2つの世界のターゲティングを考慮しなければなりません。

● 分散するタッチポイント

ターゲティングはレッスン17でも伝えたように6つの視点を考慮して慎重に選定していきますが、「ターゲットへのリーチ可能性」を考える際にはデジタル化の影響を考慮しなければなりません。特に現在の10代〜20代前半である若年層はインターネットとつながっている時間が長いため、コミュニケーションの軸はデジタルメディアになります。そしてこの若年層へのリーチはとても難しいのが実態で

す。なぜなら **図表52-1** のようにタッチポイントが分散されているためです。言い換えれば「情報接点が分散しているうえに、コンテンツの消費サイクルが速いため、非常につかまえにくい」ということです。また、情報収集やコンテンツ視聴のデバイスはスマホ中心ですが、スマホの画面サイズはテレビやPCと比べると小さいため「一度に伝えられる情報に限りがある」という制約もあります。

▶ **分散するタッチポイント** **図表52-1**

マルチスクリーン

複数のSNS

複数アカウント

表アカウント　裏アカウント

コンテンツ消費サイクルが速い

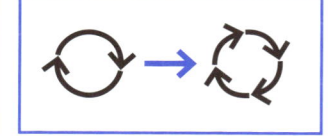

メディア・広告・販促物・商品パッケージなど、企業と生活者との情報接点はタッチポイントやコンタクトポイントと呼ばれるが、若年層のタッチポイントは分散していてつかまえにくい

● 加速するスマホシフト

こうしたデジタル化の影響は若年層だけではありません。特に「スマホシフト」は全世代に広がっています。ニールセンデジタル株式会社が2018年9月に発表した「Nielsen Digital Consumer Database 2018」によると、マルチデバイスではなくスマートフォンのみでインターネットを利用する人が全世代で増えています（図表52-2）。2017年から最も増えているのは30代で173万人の増加、スマートフォンのみ利用の割合が最も高いのは10代で約50%ですが、50代でも28%、60代でも23%はスマホのみ利用です。

また各デバイスの利用目的トップは、スマホが「コミュニケーション（72%）」、パソコンは「情報収集（56%）」、タブレットは「エンタメ視聴（43%）」です。こうした結果から、企業としては若年層はもちろんのこと、どの世代でも「スマホでどのようにリーチするか、リーチできそうか」ということをターゲティング視点として持たねばなりません。また、ターゲットがスマホ上で誰かとコミュニケーションを行っている際に、一方的な広告やアプリのプッシュ通知は「邪魔になる」だけです。マーケターは、ターゲットにとって有益で邪魔にならないコミュニケーションを心がける必要があります。

▶ スマートフォンのみでのインターネット利用者数（年代別） 図表52-2

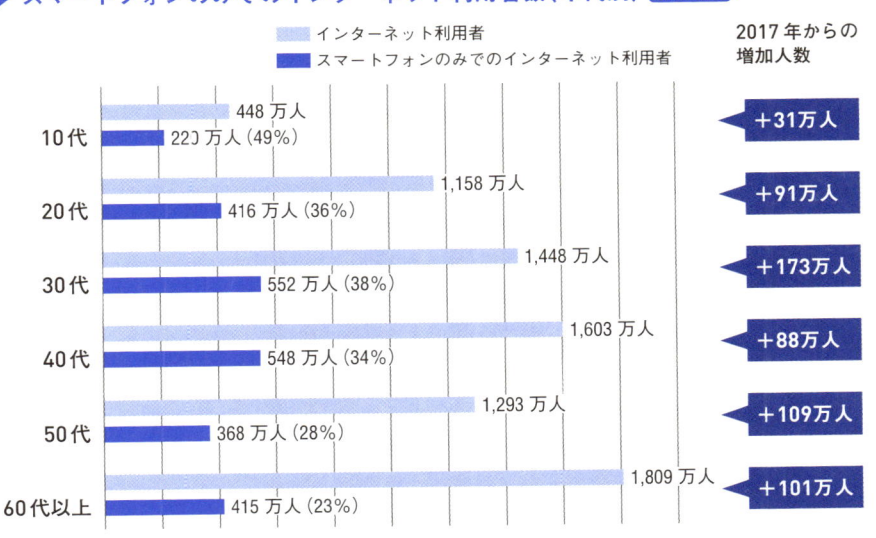

インターネット利用者
スマートフォンのみでのインターネット利用者

2017年からの増加人数

- 10代：448万人 ／ 220万人（49%） ／ +31万人
- 20代：1,158万人 ／ 416万人（36%） ／ +91万人
- 30代：1,448万人 ／ 552万人（38%） ／ +173万人
- 40代：1,603万人 ／ 548万人（34%） ／ +88万人
- 50代：1,293万人 ／ 368万人（28%） ／ +109万人
- 60代以上：1,809万人 ／ 415万人（23%） ／ +101万人

出所：Nielsen Internet Basic Report
※16歳以上の男女
※パソコン、スマートフォン、従来型携帯電話、タブレットのいずれかの機器を通して月1回以上インターネットを利用する人
人口：国勢調査2015年

数値は2018年5月〜7月の3か月平均のもの。カッコ内の数値はインターネット利用者のうち、スマートフォンのみでのインターネット利用者の割合

● 多様化する検索行動

同じニールセンの調査で、検索行動に関する興味深い結果が出ています（**図表52-3**）。30代以上の世代では、検索はまずGoogleかYahoo! JAPANという感覚だと思いますが、10代〜20代ともに最も検索に利用しているサービスは実はYouTubeなのです。さらにTwitter内での検索やInstagram内での検索が、他世代に比べて突出して高い結果になっています。このことから、知りたい情報によって検索エンジンやサイトを使い分けていること、そして「動画」と「SNS」内で積極的に情報収集を行っていることがうかがえます。

私もこの検索実態を把握するために10代〜20代に対してインタビューをしました。

SNS検索を重視するのはよくいわれていることですが、企業が発信する情報よりも生活者が発信する情報のほうが「リアルで信頼できる」という点と、情報がリアルタイムに更新されて「新鮮」という点で、これらのサイトで検索していることがわかりました。さらにInstagramはインスタ映えする写真の撮り方が学べたり、どんなファッションでお店や観光スポットに行けばよいか事前に想定できるというメリットなどもあることに気づきました。若年層をターゲットにする場合は、こうした実態を理解したうえで、動画やSNSを活用したリーチが重要だということです。

▶ 検索に利用するサービス 図表52-3

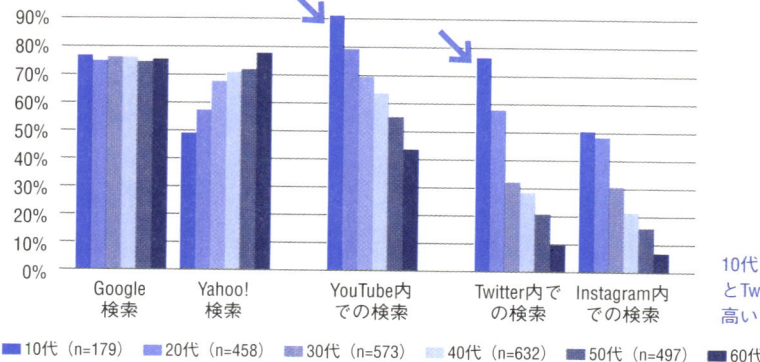

10代では YouTube と Twitter の割合が高いことに注目

■ 10代（n=179）　■ 20代（n=458）　■ 30代（n=573）　■ 40代（n=632）　■ 50代（n=497）　■ 60代以上（n=587）

👍 ワンポイント　質の高い情報を得る

本レッスンでは一部しか紹介できていませんが、「Nielsen Digital Consumer Database 2018」の調査結果は、現代マーケティングにおけるターゲティングやコミュニケーションを検討する際に知っておくべきファクトです。有料ですが質の高い情報を得られるので、入手を検討してはいかがでしょうか。

◯ 進化しているターゲット推定の技術

デジタル化は「ターゲティングの考え方」に変化をもたらしましたが、それだけではなくターゲットを推定する技術にも変化をもたらしました。まず押さえておくべきはCookie（クッキー）の活用です。Cookieとは、ユーザーがWebサイトを訪れたときにWebサーバーから付与される小さなファイルのことです。Cookieには、誰が（ID）、いつ、どんなページを、何回見たのかという情報や、Webサイトで入力した情報などが含まれていて、ユーザーのブラウザごとに保存されます。したがって同じWebサイトを訪問しても、アクセスしたブラウザが別であれば別のCookieが付与されます。アマゾンや楽天市場などECサイトを利用する際に、ログイン情報や以前買い物カートに入れた商品がそのまま残っているのは、Cookieが有効になっているからであり、Cookieはユーザーの効率的なWeb閲覧をサポートする技術です。なお、CookieはユーザーのWebブラウザに保存されていますが、企業がユーザーから許諾を得れば自社デ

ータとして蓄積することもできます。ユーザーが自社サイトに訪れたときや、メルマガ内のURLをクリックしたときなどにCookieを付与し、蓄積していきます。

このCookie情報を、広告配信事業者やプラットフォーマーが保有しているCookie情報と同期させると、ユーザーがどのような年齢・性別・趣味思考なのかを推定できるようになり、そうした属性情報をもとに精度の高い広告配信が可能になります。

ただし、近年は個人情報保護の観点からビジネスにおけるCookie活用には制約が増えており、広告ID（スマートフォンの端末ごとに付与されている端末識別情報のこと）の活用に注目が移りはじめています。詳しい技術的な仕組みの説明などは別の専門書にゆずりますが、Webやスマホ上の情報を取得し、それをターゲット判定に活用できる技術があるということは覚えておきましょう。こうした技術があるということを知らなければ、リーチ可能性を適切に判断できません。

> マルチスクリーン、スマホシフト、動画、SNS、Cookie や広告 ID など、デジタル時代ならではの特徴を理解したうえで「ターゲットへのリーチ可能性」を検討しましょう。

53 マーケティングミックスの デジタル化

このレッスンの ポイント

テクノロジーはマーケティングミックスの**4P**にもデジタル
化をもたらしています。特に広告領域におけるデジタル化
は進んでいます。**インターネット広告市場**の成長は目覚ま
しいものがあるため、**基礎知識の習得は必須**です。

⚫ 「4P」のデジタル化

マーケティングミックスの4Pにおいても
デジタル化の影響は現れています。
Product（商品）でいえばレッスン39でも
解説したように、さまざまなWebサービ
スが世の中にあふれています。Price（価
格）では需要と供給のバランスによって
価格を変動させる「ダイナミックプライ
シング」という仕組みが有名です。これ
まではエアラインやホテルでの活用にと
どまっていましたが、AIによる需要予測
と時価の算出が可能になったことで、多
くの業界や企業が導入を前向きに検討し

ています。ユニバーサル・スタジオ・ジ
ャパンもダイナミックプライシングを導
入しています。
Place（流通）はいうまでもなく、アマゾ
ンや楽天市場などのECサイト（Electronic
Commerce：電子商取引）やネットショッ
プの台頭です。そして最後のPromotion
（価値訴求）はマーケティングテクノロ
ジーの影響が最も大きい領域です。とく
に広告やコミュニケーションのデジタル
化は最も進んでいるといえるでしょう。

▶「4P」のデジタル化 図表53-1

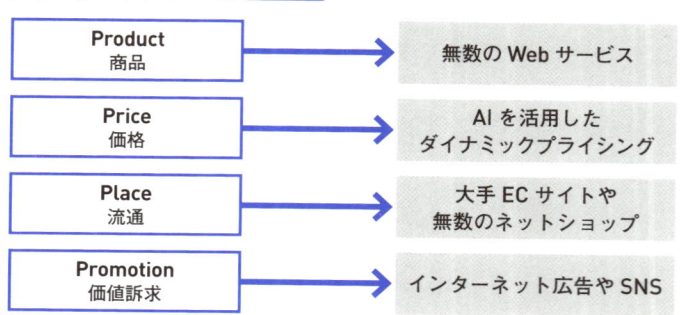

4Pのフレームワー
クにおいてもデジタ
ル化が進んでいる

○ さまざまな種類があるインターネット広告

インターネット広告とひと口にいっても図表53-2のようにさまざまな種類があります。大きくは検索エンジンを活用したリスティング広告と、WebページやSNSといったメディア内にある広告枠に表示するディスプレイ広告、そしてメール広告の3つです。そしてディスプレイ広告において特徴的ですが、テキスト広告、画像広告、動画広告、記事広告のように広告素材の形式によってさらに細分化されていきます。最近は生活者のスマホ接触時間が多くなっているため、画面を上から下にスクロールしながら読み進めるWebページも増えていますが、こうしたページの記事と記事の間に表示される広告を「インフィード広告」と呼びます。

さらにこれらとは別軸で、課金が発生する基準による分類もあります。広告の配信数、表示数（インプレッション）、クリック数などによって課金されるものが大半ですが、広告の掲載期間を保証する純広告、会員登録や商品購入など、コンバージョンの発生時に課金される成果報酬型のアフィリエイト広告などもあります。

▶ さまざまな広告の種類 図表53-2

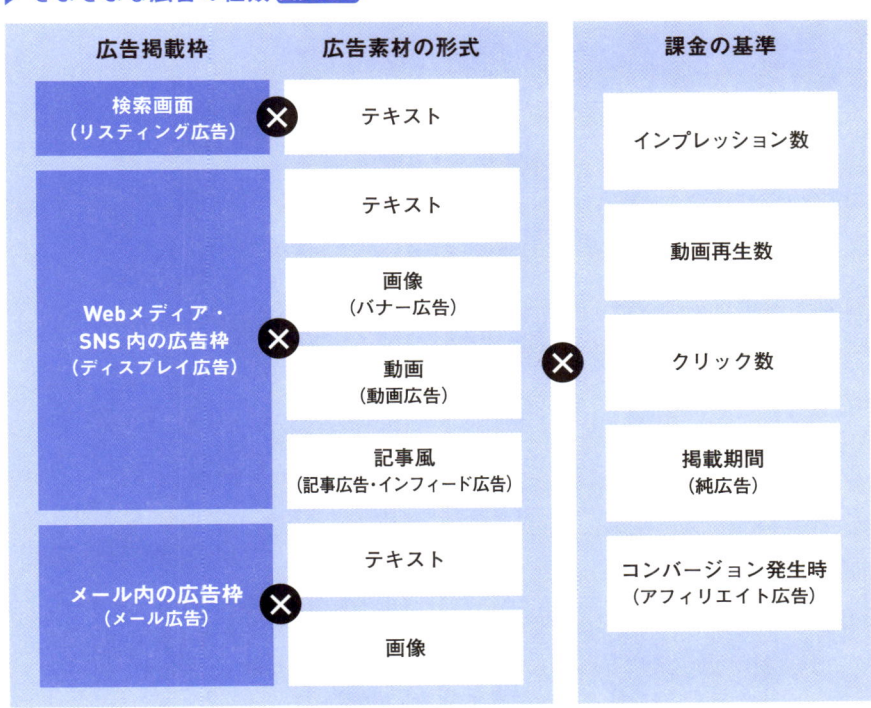

広告掲載枠	広告素材の形式	課金の基準
検索画面（リスティング広告） ✕	テキスト	インプレッション数
Webメディア・SNS 内の広告枠（ディスプレイ広告） ✕	テキスト	動画再生数
	画像（バナー広告）	
	動画（動画広告）	クリック数
	記事風（記事広告・インフィード広告）	掲載期間（純広告）
メール内の広告枠（メール広告） ✕	テキスト	コンバージョン発生時（アフィリエイト広告）
	画像	

（✕マークが中央・メール広告枠とディスプレイ広告枠の間、および課金の基準との間に配置）

厳密には少し違う部分もあるが、わかりやすさを重視してインターネット広告の種類をまとめたリスト

● 広告掲載枠のイメージ

インターネット広告の運用を行ったことがない人も多いと思うので、リスティング広告とディスプレイ広告の広告掲載枠のイメージも紹介しておきます（**図表53-3**）。いずれも、私たちの普段の生活では目にすることが多い広告です。

スマートフォン上での広告掲載枠は、Webメディアとスマホアプリ内の広告枠です。若年層へのリーチにすぐれている反面、画面サイズの問題で表示できる広告枠が小さかったり、広告が嫌がられやすかったりという問題があります。

▶ 広告掲載枠のイメージ 図表53-3

ディスプレイ広告

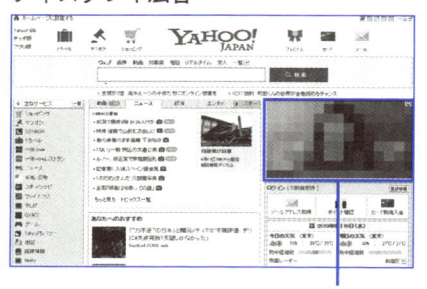

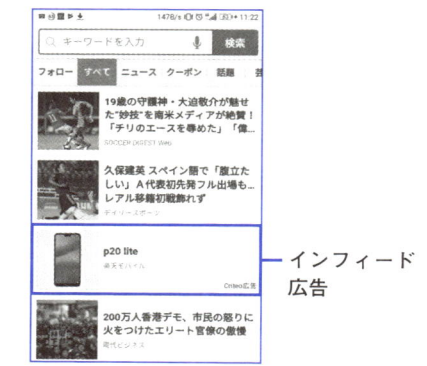

バナー広告、動画広告

インフィード広告

リスティング広告

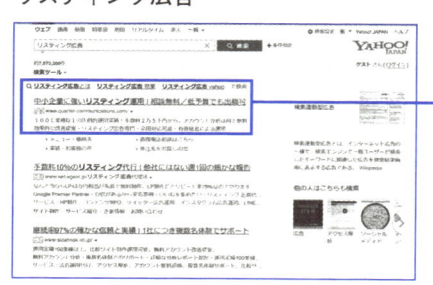

リスティング広告

リスティング広告やインフィード広告は、コンテンツの一部のように見えるが、「広告」である旨の表示が出る

🔼 ワンポイント　拡大するデジタル広告の市場規模

電通が毎年公表している「日本の広告費 2018」によれば、テレビメディアの市場規模は約1.9兆円（前年比98.2%）、インターネット広告は約1.7兆円（前年比116.5%）、インターネット広告に駅や街中で見かけるデジタルサイネージなどのデジタル広告費を加えたものを「デジタル広告費」とみなすと約1.8兆円となり、テレビメディアの市場規模を追い抜く勢いです。

● ネットワーク化したディスプレイ広告＝アドネットワークとは

ところでディスプレイ広告は、無数にあるWebページやSNSが広告枠になり得るので、広告主としては個別に掲載（出稿）先を検討したり、掲載手続きを行ったりするのはとても大変です。また、集客力が弱いメディアはそもそも広告枠の需要が少なく、なかなか広告枠が埋まらないという悩みがあります。この出稿側とメディア側の課題を解決するために生まれたのがアドネットワークです（図表53-4）。アドネットワークは、複数メディアの広告枠をネットワークとしてつなげたものですが、多くのメリットを生み出した画期的な仕組みです。広告主は、アドネットワーク事業者とのみやりとりすればよいので手続きが簡単です。ネットワークにつながっている複数メディアに一括で広告掲載できるうえに、メディアごとの効果測定データも手軽に入手できるようになりました。メディア側もネットワークに加盟すれば何らかの広告が掲載されるので、広告枠のマネタイズが容易になりました。代表的なアドネットワークとしては、GoogleのGDN（Google Display Network）とYahoo! JAPANのYDN（Yahoo! Display-ad Network）の2つがあります。

▶ アドネットワークの仕組み 図表53-4

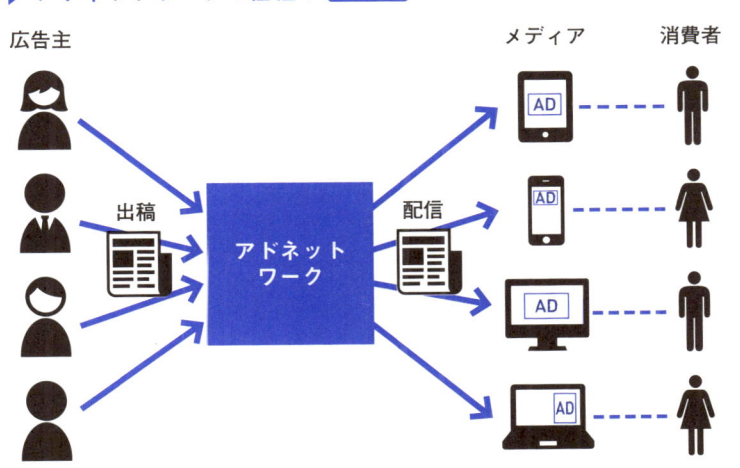

アドネットワークを利用すると、少ない手間で多くのメディアに広告を出稿できる

それでは次レッスンから、インターネット広告の具体的な活用方法を確認していきましょう。

[インターネット広告]

54
インターネット広告を
効果的に使いこなそう

**このレッスンの
ポイント**

インターネット広告にはさまざまな種類がありますが、広告手法ごとに向き不向きがあるため、特徴を理解しておくのは重要です。現時点でインターネット広告が最も得意なのは、興味を持っている**ターゲットの刈り取り**です。

○ 購買プロセスとインターネット広告

レッスン54で見たとおり、インターネット広告には多くの種類があり、ターゲットの購買プロセスにあわせて適切に使い分ける必要があります（**図表54-1**）。たとえば広く認知獲得や興味喚起を行いたい場合はディスプレイ広告やアドネットワ

ークを活用し、興味喚起後の検索ではリスティング広告、そしてさらに比較検討を促進するためにはリターゲティング広告（詳細は後述します）を活用するという使い分けが一般的です。

▶ **購買ファネルと広告手法** 図表54-1

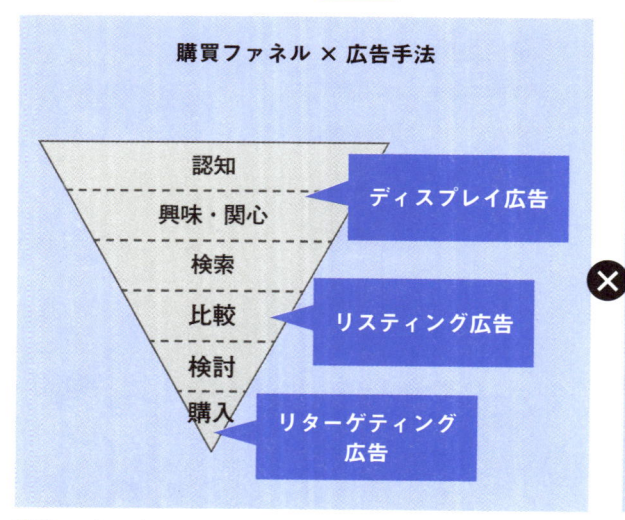

購買ファネルごとに適切な広告を利用する

情報は点ではなくストーリーで伝える

成長著しいインターネット広告ですが、もちろん万能ではありません。たとえば私たちが普段WebページやSNSを閲覧しているとき、広告に興味を抱いて目を留めることは少ないと思います。なぜなら、WebやSNSを閲覧しているときは知りたいことや観たいものがある程度絞り込まれていて、基本的には最短最速でそれを満たすコンテンツにたどり着きたい、と考えているためです。また、Web上にはさまざまな情報や広告が飛び交っているので、仮に接触したとしても1つ1つの印象はどうしても薄れてしまいます。つまり、インターネット広告という「点の接触」のみで認知獲得や興味喚起を実現するのはかなり難しいのです。

こうした課題があるため、広告というよりはコンテンツに近い記事広告や、ターゲットが求めているコンテンツをオウンドメディアなどで提供していくコンテンツマーケティングが存在感を高めています（**図表54-2**）。コンテンツは情報量が多いため、情報を点ではなく「ストーリー」として伝えることができ、ターゲットの興味を高められます。

▶ 記事広告とオウンドメディア 図表54-2

	記事広告	オウンドメディア
定義	記事形式で配信する広告。メーカーが商品をメディアに提供してレビューのように記事を書いてもらう形式が多い。通常、「PR」や「提供：〇〇」といったように記事広告である旨を明記する	自社で持つメディアのこと。一般的に、ファンを獲得するために情報発信するためのブログなどを指す。直接的に自社の宣伝をするのではなく、ユーザーに有益な情報を発信することで集客し、結果としてファンになってもらうことを目指す
メリット	メディア上に記事の形式で配信されるので、広告に抵抗がある人にも読んでもらいやすい	自社で制作し、自社メディアに掲載するため広告費用がかからない。情報が溜まればそれ自体が資産となる
デメリット	通常の記事だと思って読んでいた読者が広告だとわかった途端に拒絶反応を起こすこともある	自社のリソースを使って継続的に運営するため、運営に大きなコストがかかる

それぞれ一長一短なので、目的や戦略ごとの使い分けが必要

> もちろん、ターゲットが普段接触しているメディアによってそもそもの出稿先を決めていくことが大前提です。

● 色あせないリスティング広告の魅力

現時点でインターネット広告が最も得意なことは、すでに興味を持っているユーザーを徹底的に刈り取ることです。刈り取り施策として最も有名かつ効果が高いのがリスティング広告です。

リスティング広告は「検索連動型広告」とも呼ばれますが、あるキーワードが検索されたあと、検索結果ページの上部と下部に表示される広告です。検索ワードは検索者の興味や関心をそのまま反映しているので、クリックから資料請求や購買など、最終的なコンバージョンにつなげやすいのです。

仕組みをおおざっぱに説明すると、企業が自社製品に関連するキーワード買って、そのキーワードが検索されたときに検索結果の上位に自社広告が表示されるようにするものです。

誰もが検索するキーワードは人気が集中して価格が高くなりがちなため、キーワードの選定には工夫が必要です。重要なのが、キーワードの裏側にある検索者のニーズや検索意図を想像し、他社が見つけていないキーワードを見出すことです。レッスン6の日焼け止めクリームの例で見てみましょう（**図表54-3**）。日焼けをしたくない人の顕在ニーズは「肌を焼きたくない」なので「日焼け止め　おすすめ」などが王道キーワードですが、これは誰もが思いつきます。しかし、「シミをつくりたくない」や「肌を黒くしたくない」を想像できれば、「シミ防止」「シミ取り」「美白」のようなキーワードを選定し、美容系コンテンツを検索している人に、「日焼け止めクリームを毎日ぬって肌を守る」という選択肢を与えることができます。ターゲットの検索ニーズにもとづいた適切なキーワードが選定できれば、リスティング広告は成果を上げやすいでしょう。

▶ **ニーズとキーワードの関係** **図表54-3**

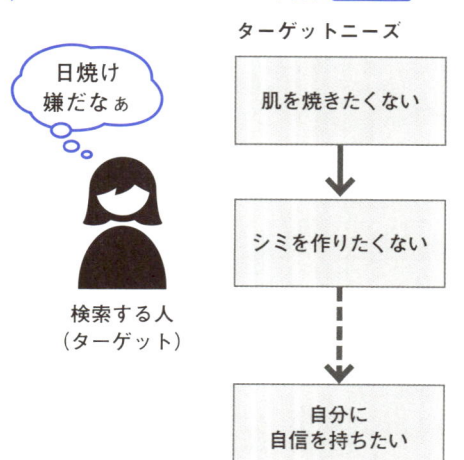

検索する人
（ターゲット）

ターゲットニーズ

- 肌を焼きたくない
- シミを作りたくない
- 自分に自信を持ちたい

キーワード候補

日焼け止め　おすすめ 🔍

シミ防止　おすすめ 🔍

キーワード対策のみではインサイトとのつながりに気づかせるのは困難

◯ 活用が進むリターゲティング広告

リスティング広告のほかに刈り取りが得意な広告といえば「リターゲティング広告」です。リターゲティング広告とは、Webサイトの閲覧者を追跡して、別のWebサイト上に広告を配信する仕組みです。普段いろいろなWebサイトを閲覧をしている最中に、毎回同じ広告が表示される……と感じたことはありませんか？これがリターゲティング広告です（図表54-4）。
ある製品のWebページを閲覧していたということは、その製品に対する興味や関心があったということです。そこで、ほかのWebページに移動したあとにも以前に見ていたページに関連する広告を表示してクリック率を高めようという施策です。
このリターゲティング広告を可能にしているのが、アドネットワークやCookieというテクノロジーです。本書では仕組みの詳細は説明しませんが、個人のWeb閲覧履歴にあわせた広告配信ができる、ということを理解しておいてください。

▶ リターゲティング広告のイメージ 図表54-4

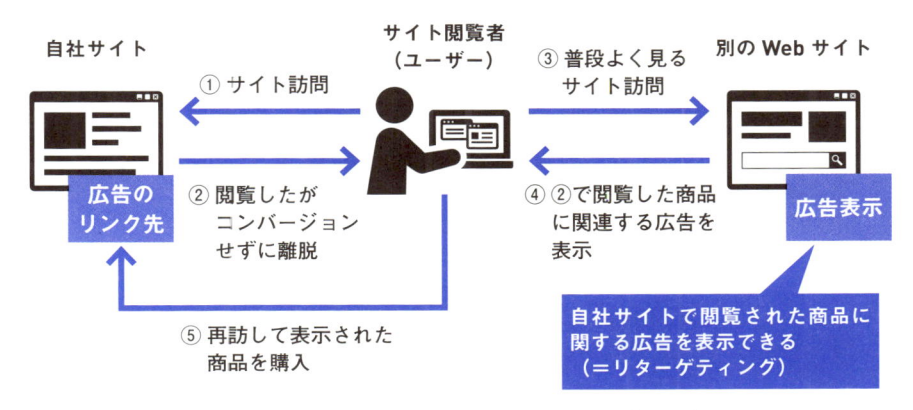

一度訪問したWebサイトの情報をもとに、閲覧者を追いかけて広告を配信する仕組み

> インターネット広告は刈り取りが得意なので、認知獲得や興味喚起においてはマス広告やPRと組み合わせことが大切です。

デジタルマーケティングの定番施策、SEOの基本

**このレッスンの
ポイント**

お金をかけずにWeb上で集客を実現できる施策が**SEO**です。**SEO**で上位表示されるサイトは、リスティング広告で上位表示されるものよりもクリックされやすいため、**SEOは広告以外の刈り取り施策として非常に重要な取り組み**です。

⬤ SEOとは

SEOやSEMはデジタルマーケティングの基本ともいえる施策です。SEOとはSearch Engine Optimizationの略であり、検索エンジン最適化のことです。検索エンジンでユーザーが検索を行った際に、その検索結果上位に特定のWebサイトを表示させる施策のことですが、簡単にいうと「リスティング広告に頼らずに検索上位に表示させる施策」です。一方のSEMはSearch Engine Marketingの略で、検索エンジンを使ってWebサイトへの訪問を増やすマーケティング手法を指し、具体的にはSEOとリスティング広告を指します。

▶ **SEOとリスティング広告の違い** 図表55-1

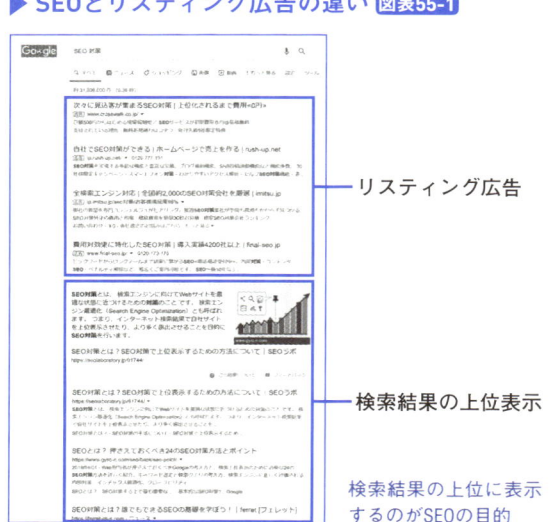

━ **リスティング広告**

━ **検索結果の上位表示**

検索結果の上位に表示
するのがSEOの目的

ユーザーのニーズを把握するためにはリサーチが有効ですが、**Web マーケター**でリサーチを活用している人は多くありません。競合よりも正確にニーズを把握できれば **SEO** や **SEM** の効果は高まります。

⬤ 検索順位の決まり方

検索順位は、検索エンジンのクロール（巡回）とインデックス、そして検索キーワードとの関連性によって決まります。クローラーと呼ばれる検索エンジンロボットが各サイトや各ページをクロール（巡回）し、そこで得たさまざまな情報を検索エンジンのデータベースに保存します。この保存されることをインデックスと呼びますが、インデックスされなければそのサイトが検索結果に表示されることはありません。そしてサイトに掲載されている情報が、検索キーワードとの関連性が強い、つまりユーザーの検索ニーズにマッチしている情報が多いほど検索順位が高くなります。たとえば検索エンジン最大手のGoogleは、Webサイトの質を非常に重要視していて、数百におよぶサイト評価指標で「ユーザーを満足させる質の高いサイトかどうか」を厳しくチェックし、上位表示させるページを厳選しています。検索ニーズとマッチしない情報や画像ばかりのサイトは評価が低くなるということです。Webサイトのコンテンツ制作においても顧客ニーズをとらえることが重要だということがわかります。

これらに加えて、他サイトからのリンクの量や質という「外部要因」と、自社サイトのページ構造などの「内部要因」もサイト評価に影響を与えます。

⬤ すぐできるSEOの3ステップ

SEOはマーケターであれば最初に理解し、実践できるようにしておきたい施策です。ここでは初学者のために、誰にでも実践できるシンプルな3つのステップを紹介しましょう（**図表55-2**）。

まずWebsite Explorerなど、競合他社がどんなキーワードを狙っているかを調べられるツールを使ってキーワードを調べます。「競合が対策している＝成果につながりやすいと判断している」と想像できるので、そのキーワードの中から自社が狙いたいキーワードを選びます。そして、そのキーワードを検索するユーザーのニーズを想像し、そのニーズを満たす情報やコンテンツをひたすらつくります。質の高いサイトをひたすらつくるので非常に手間と時間がかかりますが、これを愚直にやれば確実に上位に表示されるようになります。SEOによる上位表示に近道はありませんが、努力が報われやすい施策です。ぜひトライしてみてください。

▶ **SEO対策の3ステップ** 図表55-2

① ターゲットの検索ニーズや、競合が SEO 対策しているキーワードを調べる
② その中から、自社が上位表示を狙いたいキーワードを選ぶ
③ 競合を上回る質のページを量産する

Lesson 56 ［効果測定］
デジタル広告の効果測定

**このレッスンの
ポイント**

テクノロジーの進化によって効果測定のやり方や精度が進化しています。特に進化が顕著なのが**デジタル広告の効果測定**です。どのような数字が計測できるのか理解し、適切な**KGI**と**KPI**を設定しなければなりません。

⭕ 効果が可視化されるデジタル広告

デジタル広告の大きなメリットとして「広告効果が可視化しやすい」ことが挙げられます。従来型の広告では、「実際にどのくらいの人が見ているのか？」「どのくらい興味喚起ができたのか？」については効果がわかりにくく、測定するには別途インターネットリサーチを実施する必要がありました。しかしリサーチは記憶ベースの回答であり、大規模なCMやキャンペーンならばともかく、いつどのような広告に接触したのかを正しく覚えている人はいません。しかしデジタル広告であれば、表示した回数（インプレッション数）、クリックされた数、最終的にコンバージョンにつながった数などすべてがデータとして残るため効果が可視化されます（**図表56-1**）。従来型広告よりも詳細な広告効果測定が可能です。

▶ **デジタル広告の効果指標** 図表56-1

- **インプレッション数（imp）**：広告が表示された回数
- **インプレッション単価（CPM）**：広告表示1,000回あたりの単価(広告費＝インプレッション数×1,000)
- **リーチ**：広告が表示された「人数」。あるいは広告配信数に対して、広告が表示された「人数の割合」
- **フリークエンシー**：1人に対して広告が表示された回数
- **クリック数**：広告がクリックされた回数。
- **クリック率（CTR)）**：広告の表示回数に対してクリックされた比率（クリック数÷imp数）
- **クリック単価（CPC）**：広告1クリック当たりの広告単価
- **PV数**：ページが表示された回数
- **UU数**：サイトに来訪した人の数
- **直帰率**：サイト来訪者のうち、概ね15秒以内に何もアクションせずにサイトを離脱する人の比率
- **入力フォームのUU数や遷移率**：CVにつながる入力フォームページへ遷移した人数や遷移率
- **コンバージョン数（CV）**：広告経由で発生した資料請求、会員登録、商品購入など獲得成果の数
- **コンバージョン率（CVR）**：広告経由でサイトへ来訪した人のうち、獲得成果につながった数の比率

これらの数字がすべてデータとして残る

⬤ デジタル広告の効果測定の考え方

レッスン45で解説したROI、ROAS、CPAの3つはKGIとして広告の投資対効果を把握する指標ですが、デジタル広告はKPIをより詳細に把握できます。ファネルの考え方と対比させると理解しやすいので、**図表56-2** を使って解説します。

広告表示回数をそのまま認知獲得とは解釈できませんが、「認知獲得ができた可能性」としてインプレッションやリーチを確認します。また1人のユーザーに対して同じ広告を表示しすぎるのもよくないため、フリークエンシーを確認して表示回数をコントロールすることも重要です。さらに、広告がきっかけで興味関心を持ってもらえたならばクリックが発生するため、興味喚起度合いはクリック数、クリック率、クリック単価などを確認します。クリック後に遷移したページで興味を継続できなければ直帰率が高くなりますが、興味を強くしたならば登録や入力フォームへ遷移する人が増えるでしょう。たとえば、商品価格や機能詳細を説明しているページを閲覧しているユーザーは比較検討しているとみなして、そのページのPV数やUU数をKPIにするのもよいと思います。そして最終成果としてCV数やCVRを確認していきます。

デジタル広告やWebメディア上のユーザーアクションは計測可能なものが多いため、ほかにもさまざまな指標があります。すべての数値を確認すると混乱してしまうので、ターゲットがCVに至るプロセスと照らし合わせ、どの数字がどの段階の効果とみなせるかを考え、適切なKGIとKPIを設定していきましょう。

▶ ファネルとデジタル広告の指標 図表56-2

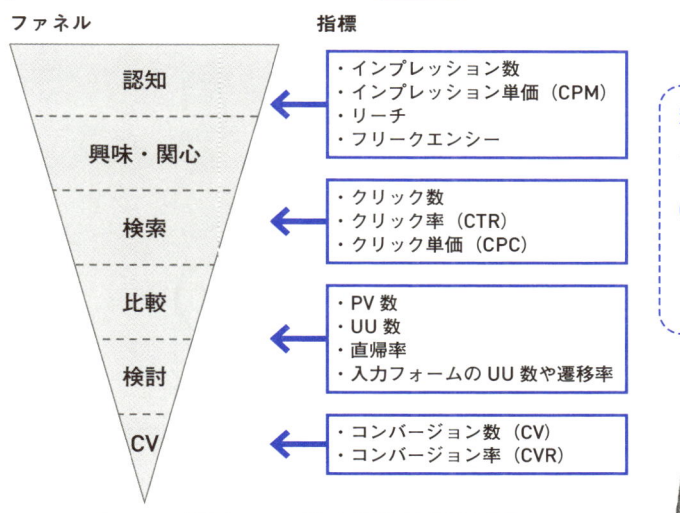

ファネル／指標

認知
・インプレッション数
・インプレッション単価（CPM）
・リーチ
・フリークエンシー

興味・関心

検索
・クリック数
・クリック率（CTR）
・クリック単価（CPC）

比較

検討
・PV数
・UU数
・直帰率
・入力フォームのUU数や遷移率

CV
・コンバージョン数（CV）
・コンバージョン率（CVR）

効果測定の指標は多ければよいということではなく、CVへの影響が大きいユーザーアクションに絞り込むことが大切です。

CVまでのプロセスと対比させて、適切な効果測定指標を設定する

Lesson 57 ［BIツール］
意思決定を支援するBIツール

このレッスンの
ポイント

大量に蓄積されたデータを使った効果測定は、複雑で時間がかかり、ビジネスの意思決定スピードが遅くなりがちです。PDCAサイクルを早めるために、BIツールを導入するという選択肢も検討しましょう。

◯ BIツール＝ビジネスインテリジェンスツール

効果測定のデジタル化でもう1つ押さえておきたいのはBIツールの存在です。

BIとは「ビジネスインテリジェンス」の略で、BIツールは企業に蓄積された大量のデータを集めて分析し、迅速な意思決定を支援するための道具です（図表57-1）。売上分析、広告効果測定、顧客満足度調査などの効果測定は、ExcelやPowerPoint形式の報告書であることが多いと思います。データ量が少なく、簡単な効果測定ならばそれでも事足りるのですが、効果

測定に活用したいデータが増えると、これらのツールでの分析は難易度が高まります。結果として、集計や分析に時間がかかり効果測定がタイムリーに行えない、正確に分析できる人が社内に不足するという状況になります。こうした課題を解決できるのがBIツールです。マーケティング系ではTableau（タブロー）、Domo（ドーモ）、Oracle BI、そしてマイクロソフト社が提供しているPower BIなどが有名です。

▶ BIツール導入のメリット 図表57-1

従来の集計・分析ツール

集計や分析が複雑で難しい

結果確認に時間がかかる

結果、PDCAサイクルが なかなか回らない

競合劣後する遅い意思決定となりがち

BIツール

初期導入をがんばれば、 誰でも手軽に分析できる

結果確認が速い（リアルタイム が可能なこともある）

PDCAサイクルが高速化する

競合優位となる迅速な意思決定や改善アクションにつながる

● BIツール活用のメリット

BIツールの役割を簡単にいえば「人間が行っていた報告書作成が自動化される」ということです。第5章でも説明したように、効果測定では適切なKGIとKPIが設定されているはずです。これらの指標は戦略立案の過程でしっかりと設計していくため、頻繁に変更したりせず、最低でも1年、理想は複数年固定してモニタリングしていきます。指標が固定されていれば「どのデータを、どのように集計・分析し、どのようなグラフとして表現するか」という作業工程が定型化されるため、ツールによって作業を自動化できます。効果測定はBIツールの導入と相性がよいテーマなのです。

BIツールを活用するメリットは大きく3つあります。1つは「誰でも大量のデータを分析できるようになること」です。難しい分析工程を自動化するため、専門家でなくともさまざまなデータを分析して効果測定を行い、マーケティングのPDCAをまわせます。

もう1つは「効果測定がリアルタイムになる」です。「データ取得→データの集計分析→グラフ化」という作業が自動化されるため、必要なデータが毎時毎日で取得できるならば、ほぼリアルタイムで効果が可視化されます。

BIツールをうまく活用できればマーケティングのPDCAが高速化し、競合よりも早く、柔軟に意思決定ができます。変化の激しい現代のビジネス環境においては、大きな競争優位となるでしょう。

そして3つ目は「コスト削減」です。報告書作成業務に多くの人員が時間を費やしている場合、BIツールの導入によって大きなコスト削減が期待されます。初期導入コストが発生するので初年度はむしろコスト増になりますが、中長期的にコスト削減が見込めることも多くあります。こうした多くのメリットがあるBIツールですが、適切なKGIやKPIが設定されていなかったり、モニタリングしているだけでPDCAがまわらなかったりするならば、アクションが改善されないので導入する意味がありません。

> PDCA を高速でまわし、改善アクションを競合より早く見つけることが BI 導入の主目的です。導入自体が目的にならないように気をつけましょう。

58

デジタル広告の課題と対策を 知ろう

このレッスンの
ポイント

デジタルマーケティングの施策や市場には、メリットだけ
ではなく課題もあります。課題を正しく理解すれば適切な
対策が打てます。本レッスンでは近年話題になっている<u>デ
ジタル広告における主要な課題</u>を解説していきます。

⭕ ブランド毀損リスクを理解する

デジタル広告の課題として知っておくべきことは **図表58-1** の3つがありますが、まず覚えておくべきなのは「ブランドセーフティ」です。「ブランドセーフティ」とは、アダルトサイトや暴力的なサイトといった公序良俗に反するコンテンツや、著作権侵害などの不正を行っているコンテンツへ自社広告が掲載されるのを防ぐための取り組みです。

ブランドセーフティの重要性は、ある大手外資企業の広告が、「意図せずに」特定の政治団体を支援するサイト内で掲載さ

れ、SNS上で炎上したことから注目されるようになりました。アドネットワークなどを使って広告出稿をする場合、メディアへの広告配信が自動化されているため、実は広告主もネットワーク管理事業者も「どのメディアにどの広告が掲載されているのか」を把握できていません。したがって、本来であれば出稿したくないメディアに、意図せず広告が掲載されてしまうのです。この課題はブランド毀損のリスクにつながります。

▶ **デジタル広告の課題と対策** **図表58-1**

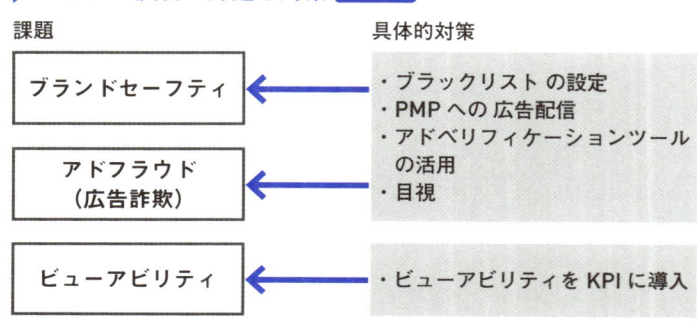

課題	具体的対策
ブランドセーフティ	・ブラックリスト の設定 ・PMP への 広告配信 ・アドベリフィケーションツールの活用 ・目視
アドフラウド（広告詐欺）	
ビューアビリティ	・ビューアビリティを KPI に導入

デジタル広告ならではの課題を理解しておく

● ブランドセーフティでブランド価値を守る

ブランドセーフティの具体的な方法は3つです。1つは広告配信の際に、優先的に配信したいメディア（ホワイトリスト）と配信を除外したいメディア（ブラックリスト）を事前に設定することです。もう1つの対策はPMP（プライベートマーケットプレイス）と呼ばれる質の高いメディアのみに出稿できるアドネットワークを活用することです。通常の広告配信よりも価格は高くなりますが、ブランド毀損のリスクを抑えた広告出稿が可能です。3つ目は、広告表示先を確認できるツール（アドベリフィーケーションツール：Ad Verification Tool）を活用し、「広告表示先を目視でチェックしてブラックリストに追加する」です。手間はかかりますが、最も確実な方法です。

● 広告にも詐欺がある

もう1つ理解しておくべき課題は「アドフラウド」（広告詐欺）です。これはインプレッションやクリックを稼ぐために、悪意あるメディア運営者がボット（robotのIT業界における略語）やアルバイトなどを使って、数を水増しする詐欺行為のことです。対策はブランドセーフティと同様です。

ブランドセーフティもアドフラウドも要するに、「優良なメディアに限定して広告配信する」ことで解決します。したがって広告配信事業者を選ぶ際には、これらリスクマネジメントの知見やソリューションを持っているかを見極めることが大切です。

● その広告は本当に見られているか？

これらと合わせて覚えておきたいのが「ビューアビリティ」です。Webメディアの広告枠は、画面を下までスクロールしないと出てこないような掲載枠が多くなっています。多くのサイト来訪者は、その掲載枠が出てくる前にそのページを離脱しますが、広告自体はページが読み込まれたタイミングで"掲載扱い"になって課金が発生しています。つまり広告主は、「サイト来訪者の画面にまったく表示されていない」広告にお金を支払っていることになります。

ビューアビリティはこの問題を解決するために考案された概念です。「広告の50%以上が1秒間以上（動画の場合は2秒以上）表示されたインプレッション」をViewable Impression（VI）と呼び、VIが配信インプレッション全体に占める比率がビューアビリティです。ビューアビリティが低いメディアやページは実質的な広告効果は見込めないため、評価基準としてビューアビリティをKPIに導入することを検討しましょう。

⏰ COLUMN

目的と手段を混同しない

マーケティングのデジタル化にともなって、CRM、MA（Marketing Automation）、SFA（Salesforce Automation）という言葉とともに、マーケティング業界には無数のマーケティングツールが存在するようになりました。また近年ではAIを活用したWeb広告の運用やカスタマーサポートの自動化などのニュースが世間を賑わせています。こうしたツールやシステムのよいところはもちろん、人間よりも速く、正確に作業ができるという点です。手順が明確で定型的な作業はルーティン化するため、重要だとしても退屈な仕事になりやすいものです。「決まったタイミングで定型文章のメールを送る」「同じ価格で同じ時期に広告出稿する」などがよく例に挙がる作業ですが、

こうした作業をシステムに任せて効率化することで、人間に新しい時間を生み出すことが本来のあるべき姿です。そうして生み出された時間を使って、現場に行ってニーズやインサイトを発見し、さまざまな分析を行ってマーケティング戦略を考え抜き、丁寧に効果測定をして戦略や施策を振り返ることで、マーケティングのPDCAの質が高まっていくのです。

ところが現状は、データを取得すること、DMPを構築すること、ツールを導入したり変更することが目的になっていて、時間を捻出するどころか、かえって忙しさが増し、目的や戦略が不在になっていると感じられるシーンがあります。本末転倒ですね。

「データもシステムもツールもすべて、目的や戦略を達成するための手段」ということを、自戒も含めてですが、忘れないようにしていきましょう。

Chapter

7

PR活動の基本を
知ろう

情報が氾濫している現代では、信頼できる情報の価値が高まっています。**PR**はメディアを通して信頼できる情報を発信するコミュニケーション手法なので、近年その重要度が高まっています。

Lesson 59 ［PRの意味］

PRの定義と役割

このレッスンの
ポイント

PR（広報）は「第三者話法」という、信頼できる第三者を通して情報発信するコミュニケーション手法です。広告と違ってコントロールが難しい反面、戦略的に活用できれば大きな効果が期待できる高等テクニックです。

○ 役割が高まっているPR

ニーズが細分化・多様化した現代では、一律的に大量配信するマス広告は効率的な手段とはいえなくなっています。またレッスン54で解説した記事広告などもあり、生活者の立場からすれば広告と記事の判断が難しく、フラストレーションを感じることも多いでしょう。そもそも情報が氾濫していて、「何が正しくて、どの情報を信じればよいのかがわからない」状況です。そこで注目されているのが、信頼できるメディアやオピニオンリーダーを通して情報を発信するPR（Public Relations）です。

ところで「PR」という言葉、「マーケティング」と同じように人によって使い方が違うため、きちんと理解しないと混乱します。図表59-1 でPR先進国であるアメリカPR協会の定義を確認してみましょう。

▶ アメリカPR協会（PRSA）によるPRの定義 図表59-1

"Public relations is a strategic communication process that builds mutually beneficial relationships between organizations and their publics."

——パブリックリレーションズとは、組織と組織をとりまくパブリックの間の、相互に利益のある関係を築く戦略的コミュニケーションのプロセスである。

難しく書かれているが、要するに「社会との良好な関係をつくること」という意味

続けて、PRの具体的な機能を見ていきましょう。

● PRの定義と役割

パブリックとは公（おおやけ）、つまり社会です。そして社会は、経営者や従業員という自社の関係者と、顧客、パートナー企業、投資家、求職者、メディア、政府、NPO、オピニオンリーダーなどのさまざまな外部関係者で成り立っています。これらすべての関係者との良好な関係、つまり信頼関係をつくるコミュニケーション活動がPRです。この信頼関係をつくる際に、企業による情報発信や広告に頼ってしまうと、「都合のよいことばかりいっているよね」と素直に信じてもらえないものです。したがってPRでは、自分たちが主語ではなく、社会から信頼されている第三者的なメディアやオピニオンリーダーが「価値ある」と判断した情報、いわばお墨つきを得た情報を、彼らの口から発信してもらうことで情報の信頼性を担保します。

一方で、自分たちが価値があると思っていても、第三者がそう判断しなければそもそも情報発信されませんし、発信のされ方やタイミングもコントロールできません。これが広告や販促との大きな違いです。広告や販促は、お金さえかければ、発信内容やメディア、クリエイティブなどを完全にコントロールし、出したいときに出したい情報を発信できます。

なお、「PR」と「広報」を言葉として使い分けている人もいますが、本来は同じ役割と理解されるべき言葉なので、本書では同義として扱っていきます。

▶ 広告とPR（広報）の違い 図表59-2

Advertisement（広告）

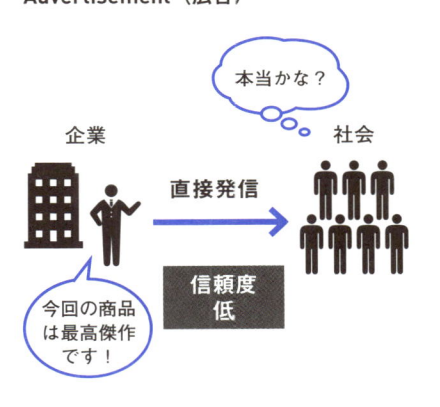

Public Relation（広報）

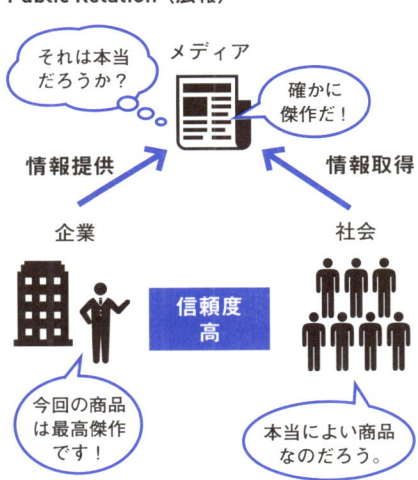

メディアによる発信という担保によって、信頼性が高まる

[PRの基本]

PR活動の基本を理解しよう

**このレッスンの
ポイント**

Chapter 7

PR活動の基本を知ろう

PR担当がまず実践すべきは ［メディアリレーションの構築］ **です。社会から信頼されているメディアは数多くあるので、メディアニーズを理解し、ターゲットメディアを定めて、自社の魅力をしっかり届けていく活動が求められます。**

⭕ PR担当者の顧客はメディア

PRは第三者を通して社会へ情報発信を行う活動ですが、そもそもメディアやオピニオンリーダーにその情報が届かなければ、記事として露出することはありません。したがってPR担当者はメディア関係者（記者や編集者、番組プロデューサー、影響力のあるオピニオンリーダーなど）に対して、定期的に情報提供を行う必要

があります（**図表60-1**）。メディア関係者たちはその仕事柄、一般人よりもかなり多くの情報に接しています。そのような中で埋もれず、自社商品に興味をもってもらうためには、メディア関係者を顧客ととらえ、彼らに対してマーケティング活動を行わなければなりません。

▶ **メディアにPRする** 図表60-1

PR
担当者 → 記者　編集者　番組プロ
デューサー　オピニオン
リーダー → 生活者

メディアに届けなければ、その先の一般の生活者には届かない

👍 **ワンポイント　オピニオンリーダー＝インフルエンサー**

オピニオンリーダーとは、社会に対して影響力がある人物のことです。現代においてはFacebook、Instagram、ブログなどで多くのフォロワーを獲得している人物の影響力が高まっています。

マーケティングの文脈ではWeb上での影響力が大きい人々を「インフルエンサー」と呼び、彼らを活用したマーケティング活動を「インフルエンサーマーケティング」と呼びます。

◯ メディアのニーズを把握し、ターゲットメディアを選定する

マーケティングの入り口は顧客理解ですから、まずはメディア関係者のニーズ（メディアニーズ）をとらえることからはじめましょう。彼らの普遍的なニーズとして、多くの人々が関心をもっていること（社会的関心）や、まだ知られていないが多くの人々が知るべきであること（社会的意義）が挙げられます。たとえばいまはどの企業もAI活用を打ち出しているので、「AIを使って作業を大幅に効率化した」という情報は、自社にとっては画期的だったとしても、社会ではすでに新鮮味を失っており、社会的関心も社会的意義も満たせません。

しかし仮に、「過度の効率化は社員の幸福度を下げることを発見。幸福度が最大化

される効率化水準をAIがアドバイスするサービス開発」であれば、AIを活用した新しい事例として社会的関心を集めながら、「人は効率ではなく幸福を高めたがっている」という本質的で見落とされがちな視点を伝えるという、社会的意義も満たされます。

このような情報がメディアのニーズですが、わかりやすくいうと「ニュースになる情報」が求められていると理解しましょう。こうしたニーズを理解したうえで、露出を実現したいテレビ番組や新聞、WebメディアやインフルエンサーのSNSなど具体的なターゲットメディアを設定します。

▶ メディアのニーズとPRが提供すべき情報 図表60-2

	〜 2013 年	〜 2019 年	20XX 年
社会的関心	AI を導入	AI を使って業務が大幅に効率化された	AI を使った効率化の上限設定によって、従業員幸福度が向上した
社会的意義	AI 導入によって企業の収益力が高まる可能性	効率化は企業の収益力を高める	効率化は企業の収益力を高めるが、人の幸福度は下げる

一般的な社会的関心をとらえ、その奥にある意義まで掘り起こすことがニーズにつながる

> 時とともに社会的関心や意義は変わるのです。

NEXT PAGE ➔ |

自社の独自情報を見つける、つくる

PR担当者はこうしてターゲットメディアのニーズをとらえ、「自社だけが保有している、世の中にまだ広く知られていない重要な情報（事実や事例）」を独自情報として届けていきます。PR担当者にとっての商品は「独自情報」です。大企業であれば、メディア受けする情報が社内に埋もれていることも少なくありません。したがってPR担当者は社内に情報網を張り巡らせて、さまざまな情報が自分の手元に集まるような仕組みづくりを行う必要があります。さらに、集まった情報をメディア受けするように磨き上げる編集力も求められます。

一方で、PR用の事実や事例に恵まれているのは一部の企業であり、多くの企業では「そもそもメディアに出せる情報がない……」というのが実情でしょう。いわゆるネタ不足です。そのようなときは、R&D部門との連携を模索してみましょう。R&D部門は、もちろん新しいビジネスの種を探すことが役割ですが、成果が短期的に出にくい部門でもあり、人材や予算の確保に苦しんでいるケースも少なくありません。そこでPRとR&D部門が連携し、露出を意識した研究テーマや事例づくりに取り組み、その取り組みが全国新聞や有力メディアへ記事掲載されたならば、外部から人材や予算を調達できるかもしれません。また、社会での露出が増えるということは、その取り組みが社会的関心と意義があることの証明でもあるため、社内における重要度を高める後押し材料にもなるでしょう。「ネタがなければ自らつくってしまおう」ということです。

こうした動きを推進するためには、図表60-3 に挙げたようなスキルを磨くことがPR担当者には求められます。

▶ PR担当者に求められるスキル 図表60-3

 情報発見力

 情報編集力

 メディアとの関係性構築力

 プレゼンテーション力

情報を発見し、伝わる形に編集するスキル。そしてメディアとの関係構築スキルなどが必要

独自情報が少ない企業こそ、PR担当には高いスキルが求められます。

● PR活動の基本はパブリシティ獲得

さて、無事に魅力的な情報を手に入れたならば、それらをメディア関係者に届けていきます。具体的な業務として行うのは「プレスリリース」の発信です。プレスリリースはその名の通り、プレス（メディア）向けの情報発信のことで、新商品の発売、新技術の開発、資本提携や業務提携など、企業活動を世の中に伝えるための情報発信活動です。ほとんどのメディア関係者がプレスリリースをチェックしていますし、PR TIMESなどのプレスリリース配信サービスを使えば、メディア関係者に一気に情報を届けられます。まずは広くあまねく、情報発信することからはじめます。

しかしプレスリリースの配信はどの企業も行っており、そこから配信されるリリースの数も膨大なので、メディアの目に留まらないことが多いものです。プレスリリースを実施するだけで影響力があるメディアに記事として掲載されることはまずありません。

常に社会的関心を集めているアマゾン、ソフトバンク、LINEといった超有名企業には専任の記者や編集者がいて、彼らから積極的に情報を求めにやってきます。しかしほとんどの会社は、メディアにとっては大海にいる小魚のような存在です。普通にやっていては見つけてもらえません。したがってPR担当者は、ターゲットメディアのニーズを把握し、メールや電話などで定期的に情報提供、アポイントでの情報交換、記者クラブへの投げ込み、メディア業界におけるネットワーキングなどを通して、自社の魅力を地道に売り込んでいかねばなりません。まれにラッキーパンチが当たることもありますが、メディアとの関係性（メディアリレーション）を構築するのに近道はありません。こうした活動の結果、晴れてメディアへ露出された記事のことを「パブリシティ」と呼びます（**図表60-4**）。パブリシティを積み重ねていくことで、緩やかに社会とも良好な信頼関係が育まれていきます。

▶ **PRの基本動作** 図表60-4

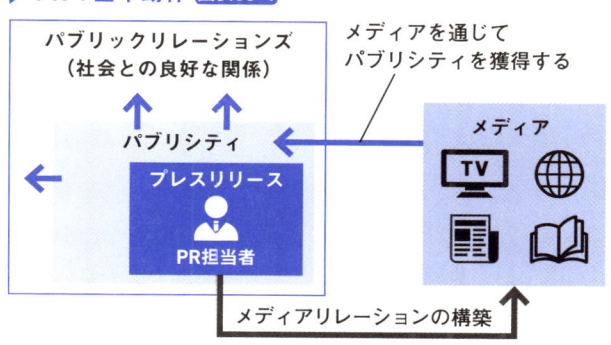

メディアとの関係（メディアリレーション）を構築した先に社会との関係（パブリックリレーションズ）が構築できる

> 華やかに見える PR 業界ですが、こうした地道な取り組みが PR 活動の基本でもあります。

Lesson 61 ［PRの目的］

社会から応援される状況を つくろう

**このレッスンの
ポイント**

パブリシティの獲得も大切ですが、**PRの役割は「信頼され
た認識を社会で共有し、社会から応援される状態をつくる
こと」**ともいえます。PR活動のゴールを見据えたうえで、
具体的にどう取り組めばよいか事例から学びましょう。

● PR活動のゴールとは

メディアリレーションを構築し、多くの
パブリシティを獲得できれば充分かとい
えばそうではありません。パブリシティ
獲得はいわば最低限の取り組みです。
図表61-1 のピラミッドのように、社会と
の信頼関係をつくり、最終的には社会か
ら積極的に応援してもらう関係性をつく
ることがPRには期待されています。積極
的に応援してもらうということは、社会
にファンを増やすということでもありま
す。

単なる認知や認識の獲得ならば広告で代
替できますが、第三者から発信されるこ
とで「信頼された認識」を獲得できます。
PRが担う役割はまさにこの部分です。社
会、すなわちさまざまな外部関係者が「信
頼された認識」を共有したらどうなるで
しょうか。きっと、その企業の情報を積
極的にシェアしたり、取り組みに参加し
たり、商品を優先的に購入したりという
ように、企業を応援する行動をはじめる
人が増えるはずです。

▶ **PRが実現すべきこと** 図表61-1

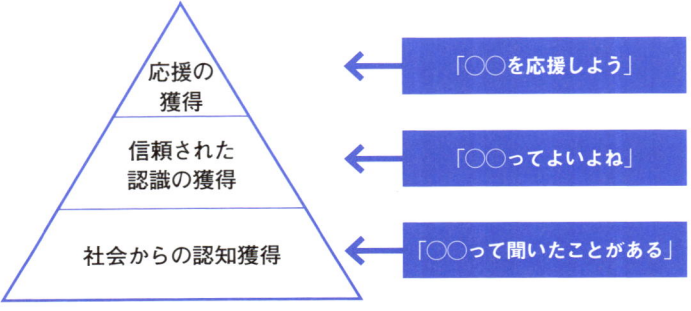

社会からの認知や信頼された認識を獲得する行動を通じて、ファンを増やすこと
がPR活動のゴール

◯ 信頼された認識の獲得

「信頼された認識」を獲得するためにまず行うべきことは、パブリシティ獲得の積み重ねによる認知獲得です。このとき大切な視点は、「ターゲットメディアへ掲載されたかどうか」と「狙いどおりに掲載されたかどうか」ということです。極端な例でいえば、「テクノロジーを使った社会課題を解決している」という認知を獲得するためには、ワールドビジネスサテライトや日経新聞などで「テクノロジーを活用して社会をよくする会社特集」といった形で紹介されるのが理想ですが、「社員が気合と根性でプロジェクトを成功させた」という熱血ドラマ風に雑誌で紹介されるのは、手放しで喜べません。単純に知名度を高めるための認知獲得という点ではよくても、具体的な認知のされ方、つまり「パーセプション」(知覚や認識) が自社が得たいものと異なってしまうからです。

「こないだテレビや新聞で見たけど、A社はテクノロジーで子どもの貧困を解決しているみたい。そういえば有名人の○○さんもよい会社だといってたな。知らなかったけど、A社ってよい会社なんだな」と社会に認識してもらいたいわけです。

◯ 社会から応援されるために

こうしたPRの成功事例として有名なのが、ボルヴィックの「1L for 10L」という活動でしょう。ボルヴィック・ブランドのミネラルウォーター1リットルを出荷するごとにアフリカのマリで井戸を掘り、10リットルの水を新たに供給することを目標にした、ユニセフとの協働プロジェクトです。活動を通して新設、修復された井戸は277基、開発した水の総量は約47.3億リットル、累計支援金は約2億8,400万円にものぼります。生活に欠かせない水を安全で清潔に供給することで、住民の健康管理が大きく向上したといいます。2016年8月に活動が終了するまで約10年にわたって続いた活動ですが、多くのメディアが取り上げたことで「ボルヴィック＝社会貢献」という信頼された認識を獲得し、さらに多くの生活者が「個人でもアフリカへ貢献できる」という経験を味わったことで、ボルヴィックの応援者が増えたことは間違いないでしょう。

> この活動はマーケティング事例として紹介されることも多いのですが、私は社会をダイナミックに巻き込んだ PR 活動だととらえています。このように、最終的に社会から応援される活動を考え、実現していくことが PR の理想のあり方です。

62 インターナルコミュニケーションを実践しよう

[社内向けPR活動]

**このレッスンの
ポイント**

PRの重要な役割として忘れていけないのは、「**インターナル
コミュニケーション**」です。社内に多様な価値観や働き方
が認められる現代では、社員が信頼しあい、**一体感持って
業務を行うための取り組みがますます重要**になっています。

○ 経営も社員も顧客として向き合う

PR部門にとって最も身近な社会は「自分の会社」であり、そこで働いている経営陣や社員です。こうした社内関係者に対してのコミュニケーション活動は「インターナルコミュニケーション」、社外向けのコミュニケーションは「エクスターナルコミュニケーション」 と呼ばれます（図表62-1）。PRが向き合うべき顧客は社内にもいるのです。

▶ 広報の役割 図表62-1

社会との信頼関係づくり

**インターナル
コミュニケーション**

| 経営陣 |

| 管理職 |

| 従業員 |

応援の獲得
「○○を応援しよう」

信頼された
認識の獲得
「○○ってよいよね」

社会からの認知獲得
「○○って聞いたことがある」

**エクスターナル
コミュニケーション**

| メディア |

| 顧客 |

| 投資家 |

| 生活者 |

| 求職者 |

PRの役割には社内コミュニケーションも含まれる

大事にしたい3つの情報流通

インターナルコミュニケーションの最大の役割は、経営ビジョンや会社の魅力が全社員で共有されている状態をつくり、経営と社員との信頼関係を強化することです。これにより組織のパフォーマンスが最大化されます。注目すべき情報流通の経路は 図表62-2 の3つ。1つ目は「経営陣→社員」、2つ目は「社員→経営陣」、そして3つ目が「社員→社員」です。

これら3つの経路で正しく情報が行き交い、適切な交流が生まれていれば、経営陣と社員の分離、セクショナリズムという問題が起こりにくくなります。経営やすべての社員、部門が信頼しあえれば、一体感をもって戦略が実行されていきます。PRとしては、この3つの経路が機能するように社内の情報流通環境を整備する役割が求められます。

▶ インターナルコミュニケーションの3経路 図表62-2

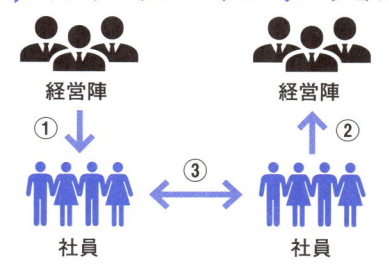

経営陣

①

社員

経営陣

②

③

社員

インターナルコミュニケーションでは、経営陣から社員、社員から経営陣、社員同士の経路で情報の交流ができるようにしておく

経営陣から社員へVisionを届ける

まず「経営陣→社員」で届けるものは「Vision、戦略、目標、想い」です（図表62-3）。経営陣としてあるべき姿をどう考えているのか（Vision）、Visionはどのような道筋で達成してくのか（戦略）、達成すべき目標は具体的に何か（目標）、そう

考える背景や志は何か（想い）など、経営陣が語るべきこと、考えていることを社員へ正しく、そして魅力的に伝えることが求められます。特に伝えるべきものは「Vision」です。

▶ Visionを届ける 図表62-3

戦略、目標、想い

経営陣　　　社員

Vision

経営陣から社員へVisionを伝えることで、同じ目標に向かって邁進できる

どこに向かうのかが曖昧な船に乗りたい社員はいませんし、わくわくしない航海は途中で飽きられてしまいます。

● 社員から経営陣へ価値観を共有する

「社員→経営陣」も重要な情報の流れです（図表62-4）。社員満足度調査が代表的ですが、社員が日々何を考え、何を求め、どのような気持ちで働いているかを経営陣が把握することは非常に重要です。価値観や働き方が多様化している現代において、特に若手の価値観は大きく変化しているため、わかった気になってはいけません。戦略や施策を実際に実行するのは社員なので、社員が気持ちよく、前向きに、主体的に業務に取り組める環境をつくるのは経営者の務めです。

▶ 価値観を共有する 図表62-4

考え方、意見、働き方

社員　　経営陣

価値観

Visionを達成するために、社員がどんな考えを持って働いているかを共有する

● 部門間の垣根をなくす

最後に「社員→社員」ですが、これはいわゆる社員交流や部門間交流などの取り組みです。目標達成を全社でお祝いしたり、入社式や納会などの全社イベントを運営したりといった取り組みです。会社が大きくなれば部署間の交流や情報流通が減って、時としてセクショナリズム（縦割り文化）につながるため、それらを解消するためにも部門を越えて集まる機会などを提供します。たとえば「共通の趣味を持った社員が集まって朝食を食べる」企画を運営し、「アベンジャーズ好き」「小学生の子どもを持つママ」など、業務を越えた部門交流が生まれる仕組みをつくるといった取り組みが考えられます（図表62-5）。

▶ 部門間で交流 図表62-5

交流、イベント

社員　　社員

部門間の垣根をなくす

異なる部門とコミュニケーションを行うことで、新たなビジネスアイデアが生まれるといったメリットもある

● 社員は強力なメディアでもある

経営陣と社員が一体感を持ってビジネスを推進している企業では、社員のロイヤリティが高いことが多いものです。そのような状況をつくれていれば、図表62-6のように社員が自発的に自社や商品の魅力を周囲に発信してくれます。家族や友人にはもちろんのこと、SNS上での積極的な投稿やパートナー企業との商談、学生との面談など、さまざまな場面で魅力を語ってくれます。私も普段仕事をしているときに、「あ、この人は会社や事業が本当に好きなのだな」というビジネスパーソンに出会うことがよくあります。そういった方からは、たとえ直接的に言葉を発していなくても、雰囲気や表情、そして言葉の節々から「会社への愛着や信頼」が感じられます。そのような出会いのあとには、私も自然と「きっとよい会社なのだろう」とポジティブな印象を持ちます。ロイヤリティが高い社員は、強力なメディアとして機能することもあるのです。インターナルコミュニケーションの副次的効果ですね。

▶ 社員から広がる自社の魅力 図表62-6

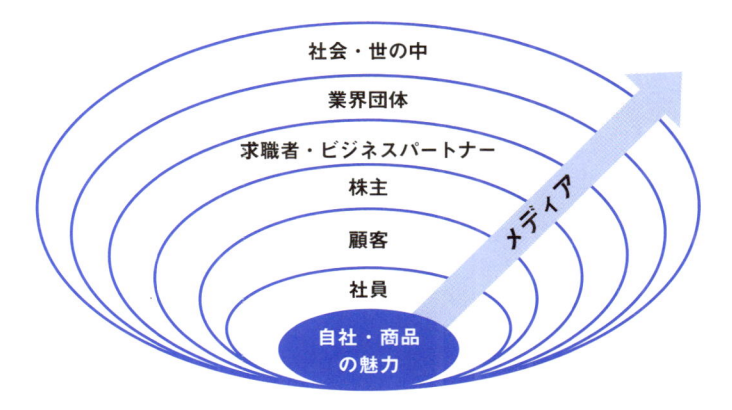

社会・世の中
業界団体
求職者・ビジネスパートナー
株主
顧客
社員
自社・商品の魅力
メディア

自社のことを最もよくわかっている社員だからこそ、強力な情報発信チャネルとなる

> インターナルコミュニケーションは、社内の信頼感を醸成し、戦略実行力を高める効果的な手段です。

Lesson 63　［事例紹介］

Visionをつくろう

**このレッスンの
ポイント**

インターナルコミュニケーションの核は**Vision（ビジョン）**です。しかし、魅力的な**Vision**が社内に存在しないこともあります。そんなときは、**PR部門が中心となって新しいVisionをつくりあげる**、という選択肢を持っておきましょう。

○ Visionがなければつくる

「商況」「業務提携」「新商品」「人事情報」「Good Topic」など、社内にはさまざまな情報が流通し、いろいろなテーマで会話がなされますが、最も浸透させるべき情報は「Vision」（ビジョン）です。Visionは「会社や事業のありたい姿、成し遂げたいこと」であり、社員を鼓舞する原動力となるものです。したがって多くの社員が「そうありたい、実現したい」と共感するものでなければなりません。

インターナルコミュニケーションには「社内で信頼された認識をつくり、組織の実行力を高める」効果がありますが、Visionが信頼された認識になっていれば、社内でVision実現の応援者が増え、実現に向かう組織の力は大きく高まります。しかしもし社内に明確なVisionがなければ、インターナルコミュニケーションをつかさどるPR部門が、経営陣を巻き込んでVisionをつくってしまいましょう。

▶ **Visionのつくり方** 図表63-1

❶ 環境分析 ➡ ❷ 「過去の想い」分析 ➡ ❸ 「現在の想い」分析 ➡ ❹ 「ステークホルダーの想い」分析 ➡ ❺ 経営によるVision決定

PR部門が中心となってこれらのプロセスをこなす

◯ Visionのつくり方

Visionをつくるのは簡単ではありません。手間も時間もかかりますし、つくり上げるための強い意志が必要です。もちろんVisionは最終的にCEOや経営陣が決めるものですが、PR部門は社内のステークホルダーの想いや考えを吸い上げて、経営に届ける役割が求められます。

Visionは大きく5つのステップでつくります（図表63-1）。まずはマーケティング戦略と同じ「環境分析」です。Visionは経営の意志（Will）が重要である一方で、ビジネス的にも企業を成長させるものでなければなりません。ただの夢物語では社員が路頭に迷うだけです。実現可能なものに仕立てるためにも、環境分析で自社の事業環境を正しく理解する必要があります。

そして次に行うのが「過去の想い」の分析です。過去とは創業理念や自社の歴史のことですが、自社が誕生した理由や成長の軌跡を振り返ることで、自社が大事にしてきた価値観や、世の中に届けてきた提供価値が浮かび上がってきます。会社の歴史が長ければ長いほど、蓄積された価値観、すなわち文化があります。この文化を考慮しないVisionは社員の共感を得られません。正しく深く、理解して

いきます。

そして過去を理解したあとに、自社の「現在の想い」を分析します。過去を受け継ぎながらも、現在の経営最高責任者であるCEOの想いや考えはもちろんのこと、経営陣、部課長、若手のキーパーソンなど、「いま」を支えている人材に対してインタビューやワークショップを行い、彼らの想いや考えを引き出します。また並行して、全従業員に対してアンケートを行い、彼らが思い描くビジョンをできるだけ多く集めましょう。「あなたがこの会社で実現したいことは何ですか？」「あなたはどのような価値を提供する会社になってほしいですか？」のようなシンプルな質問で充分です。

さらに、ステークホルダーに対しても同様の調査を行えば完璧です。会社を支えてくれるあらゆる人々の想いや考えを集約することができます。集めた情報はCEOや経営陣に届け、Visionの決定を促します。多くの関係者を巻き込んで策定されたVisionは、その後の浸透が驚くほど速く進みます。

すぐれたPR部門はVision策定をリードすることさえできるのです。

> **Vision** を経営と社員が共創することで、強い信頼関係と一体感が生まれていきます。

❓ COLUMN

大成功も夢ではない？

PRは社会という極めて広い範囲の相手に対してコミュケーションを仕掛けていくため、その成果が現れるのには時間がかかるものです。筆者が世界的なPRカンパニーであるウェーバー・シャンドウィック社の創立者であるラリー・ウェーバーと会話した際も、「PRの成果を焦ってはいけない。経営が腰を据えて、中長期で取り組む覚悟を決めないと上手くいかない」とアドバイスされたものです。

ところが、時流に乗ると大成功を収めることがあるのもPRの醍醐味です。

PRの大成功事例として、カルビー社の「フルグラ」を紹介したいと思います。いまでこそ「朝食にフルグラ」は当たり前といっても過言でないような習慣になっており、売上規模も2017年には約300億円の超ヒット商品になっていますが、実は発売開始は1991年と約30年も前になります。2011年まではシリアル市場をターゲットにして35億円ほどの売り上げだった同商品ですが、2012年にターゲット市場を朝食市場に定め、広告ではなく、客観性や信頼性が高いメディア掲載を活用するPRを軸にコミュニケーション活動を行ったことで有名です。朝食にシリアルを食べるのは「親の手抜き」「朝食らしくない」というネガティブなイメージを、メディア露出の積み重ねによって「手軽に朝食を食べられる」「健康にもよい」というポジティブなイメージへ変換することに成功。いまでは「朝食にフルグラを食べておけば安心」という強い信頼を獲得するブランドになりました。

2012年にターゲット市場を変更してから、わずか5年で売り上げが約10倍なので驚異的です。

もちろん、発売から20年間積み上げてきたフルグラという商品への信頼や実績がベースにあったことは間違いありません。しかし、「朝食」という第三者話法が効果的な市場特性（「○○医師が薦める朝食に食べるとよい食材！」のような健康番組は大人気ですね）を理解し、健康ブームにもしっかり乗って、PRを大成功させた実績は本当にすばらしいと思います。PRの大きな可能性を教えてくれた事例です。

> 繰り返しですが、PR活動の基本は地道な情報発信の積み重ねです。このことを忘れてはいけませんが、大成功を夢みて仕事したほうが楽しいものですよね。

Chapter

8

BtoBマーケティングの実践

ここまでにお伝えしてきたマーケティング戦略の考え方は、あらゆる業界で役立てることができます。ただし、顧客が生活者ではなく「企業」であるBtoBビジネスでは別の工夫が必要になるため、そのポイントを理解していきましょう。

[BtoBビジネス]

64 BtoBビジネスの特徴を知ろう

**このレッスンの
ポイント**

マーケティング戦略の考え方は、**BtoBであっても基本的には変わりません**。しかし、**BtoBならではの特徴**があり、マーケティングの施策の検討には別の工夫が必要です。このレッスンではまずその特徴を理解しておきましょう。

⭕ BtoBとBtoC

BtoBとは「Business to Business」の略であり、「取引相手が企業」となるビジネスのことです。システム開発会社が人事部に評価システムを売る、部品や素材メーカーが自動車会社にネジや塗料を売るなどのビジネスがBtoBと呼ばれます。一方でBtoCはBusiness to Consumerの略であり「取引相手が生活者」のビジネスです。

食品、化粧品、携帯、家電、衣料品などを生活者に売るビジネスのことで、私たちに馴染みがある企業はだいたいBtoCビジネスを展開しています。図表64-1にあるように、BtoBは企業の営業担当者を経由して商品を販売することが多く、BtoCは店舗経由で販売することが多いと考えてもよいでしょう。

▶ **BtoBとBtoC** 図表64-1

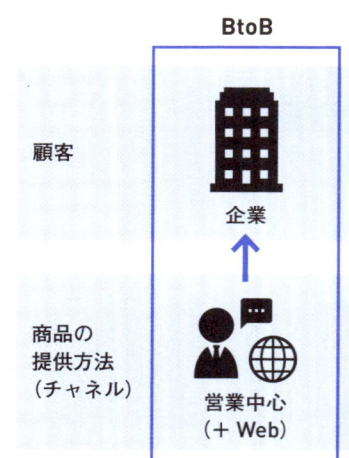

BtoBビジネスの顧客は企業で、チャネルは営業部門やWebが中心。一方BtoCビジネスは顧客は一般の生活者で、チャネルは店舗やWebが中心となる

● BtoBの3つの特徴

企業が顧客であるBtoBならではの特徴は大きく3つです（**図表64-2**）。1つは「決裁関与者が多く、決裁に時間がかかる」ことです。たとえば私たちは普段、喉が乾いたらすぐにお茶やコーヒーを買いますし、高額な車や家であっても、配偶者やパートナーと相談すれば買うかどうか決められるでしょう。しかしBtoBでは、決裁者、意思決定者、意思決定関与者など複数の関係者がいます。

決裁するのは役員だが、購入先を実質的に決めるのは部長であり、その部長の意見に大きな影響を与えるのが部下のAさんと別部門のB部長、という具合なので、決裁にとにかく時間がかかります。企業規模が大きければ大きいほど、その傾向は強くなります。

決裁関与者が多いのは「取引額が高額である」ことが理由ですが、これが2つ目の特徴です。BtoBでは一度きりの付き合いというのは稀で、年間や複数年の発注、大量ロットの発注や大規模なシステム開発など、金額が高価になりがちです。1,000万円を超える取引もよくあります。企業側からすれば大きな投資になるので、慎重に購入の必要性が吟味されます。

3つ目は、「取引が長期的である」ことです。購入検討に時間がかかることに加えて、受注後の取引も長期化します。たとえば受注が決まったとしても即日納品できることはまずありません。部品や素材を生産したあとに納品、システム開発であれば、要件定義→プログラミング→納品→アフターフォローのように、受注から納品までに数か月〜1年、アフターフォローを含めると数年の取引になります。したがって単純に商品のよさだけではなく、長期的な取引相手として適切かという、企業評価や、顧客の窓口となる担当者個人の人柄やスキルがとても重要になります。BtoBの特徴をまとめると、「商品が高単価で、取引が長期的になるので、決裁者が多くなり意思決定に時間がかかる」ということです。

▶ BtoB特徴 図表64-2

BtoB		BtoC
決裁関与者が多く、意思決定に時間がかかる	⟷	自分のみで意思決定するため、意思決定は衝動的
高単価商品が多い	⟷	低単価商品が多い
取引は長期が多い	⟷	取引は瞬間的

高単価、長期取引、決裁に時間がかかるのがBtoBビジネスの特徴

> 最近はBtoBでも低単価商品が増えていますが、それでも取引は長期的なことが多いため、BtoCよりも慎重に意志決定されると心得ておきましょう。

BtoBマーケティングにおける営業部門の役割

このレッスンの
ポイント

BtoBビジネスでは、マーケティング機能だけでなく営業機能がとても重要です。マーケティングやPR部門、そして営業がそれぞれの役割を理解しあって、適切な役割分担を設計しましょう。

⭕ 大切なのは面の広さよりも深さ

BtoCはBtoBに比べるとターゲットが幅広く、ターゲットの意思決定も衝動的という特徴があります。そのため顧客との接点を多く設けて、統一感を持って価値を訴求すれば、それだけである程度の購買機会につなげられます。言い換えればターゲットへ広くリーチできるかどうかが重要です。

反対にBtoBのターゲットはBtoCよりも限定されるうえに、慎重な意思決定が前提になります。そのためリーチの広さよりも、「顧客が商品を深く正確に理解していること」や「自社への信頼度」が重要になります。

よって、**図表65-1** のようにBtoCは広いターゲットへのリーチ、BtoBは提供する情報の深さを優先してマーケティングに取り組みます。

▶ ターゲットへのリーチと情報の深さ **図表65-1**

（狭い）　　ターゲットへのリーチ　　（広い）

（浅い）

提供すべき情報の深さ

（深い）

BtoB は深さを優先

BtoC はリーチの広さを優先

理想は全方位だが現実的には難しい

BtoBの場合、意思決定に慎重さが伴うため、深く価値を知ってもらう施策が重要

● BtoBでは営業の役割が大きい

商品の特徴を深く、正確に理解してもらうには、営業担当者の役割がとても重要です。営業担当者が商談を通して顧客の課題をヒアリングし、その課題を自社商品が解決できる理由を述べ、他社商品ではなく自社商品が最適である理由などを繰り返し説明して、顧客の購入意欲を高めていきます。もちろんいきなり決裁者には会えないので、担当者→課長→部長→決裁者のように、1段1段、購入決定までの階段を登っていきます。

またBtoBでは取引が長期的になるため、窓口となる営業担当者の人柄やスキルも意思決定に大きな影響を与えます。誰もが優秀な営業担当者と仕事をしたいと思いますし、営業担当者のスキルが低いと、いくら商品の提供価値が優れていたとしても、その価値が正しく伝わりません。BtoBでは営業担当者はチャネルであり、広告塔であり、そして商品価値の一部を担っているといってもよいでしょう。

● 企業の信頼度を高める

BtoBでマーケティングやPRが果たすべき役割は「信頼できる企業だと理解してもらうこと」です。仮に営業担当者が優秀だったとしても、そもそも決裁者が企業名を知らなかったり、企業の実績や将来性に不安を感じられたりしてしまうと、長期的な取引相手として選ばれにくくなります。したがって企業認知を積極的に高める、自社のWebサイトで取引実績数や事例を積極的に公開してノウハウがあることを知ってもらう、企業理念やビジョンを伝えて志に共感してもらう、可能な範囲で財務状態を公開して倒産のリスクが小さいことを理解してもらうなど、信頼できる企業であることを多面的に伝えましょう。ただ、自社からの情報発信だけでは手前味噌感が強くなるため、うまく信頼してもらえない可能性があります。第7章でお伝えしたように信頼獲得にはPRが有効なので、BtoBでは広告や宣伝だけでなく、PR部門への期待が大きくなります。

> 企業としての信頼度が高いと、クライアント企業の担当者が決裁者に発注先を説明するさいに「○○企業ならば大丈夫だろう」と判断してもらえるため、決裁が通りやすくなります。

[リードマネジメントの実践①]

66 見込み客を獲得する リードジェネレーション

**このレッスンの
ポイント**

BtoBマーケティングに特に期待されるのは「リードマネジメント」です。リードマネジメントとは、見込み顧客（リード）を獲得し、リードを育成して商談や受注につなげるまでのプロセスを、戦略的に管理することです。

○ 見込み顧客の獲得と育成＝リードマネジメント

BtoBマーケティングでは見込み顧客のことを「リード」と呼びます。購買プロセスと対比させると、興味喚起をうながして資料請求などを発生させるのがリード獲得（リードジェネレーション）で、獲得したリードの購入意向を高める取り組みがリード育成（リードナーチャリング）です。2つ合わせてリードマネジメントと呼びます。BtoBでは購買プロセスが長く

なるため、継続的にリードとコミュニケーションをとって購買意欲を高めることが必要です。営業担当者が見込み顧客すべてをフォローすることは難しいため、マーケティング部門がその役割を担うことが期待されます。購買プロセスとリードマネジメントの関係は 図表66-1 のようになります。

▶ **購買プロセスとリードマネジメントの関係** 図表66-1

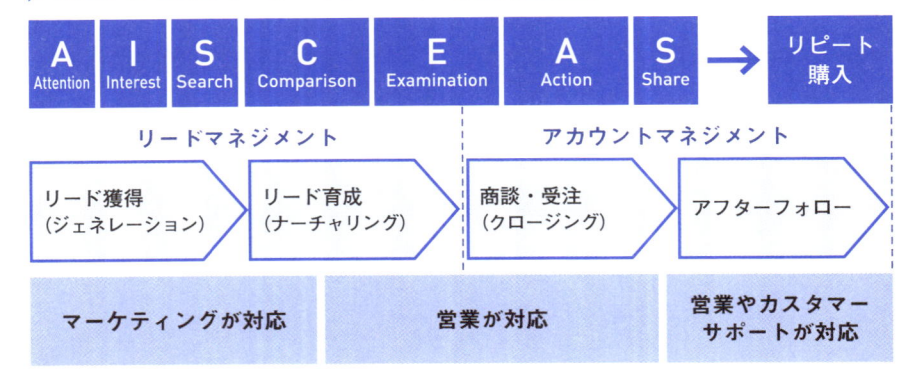

AISCEAS（レッスン44）の購買プロセスにおいては、「AISCE」までがリードマネジメントとなる

⚪ マーケティング戦略のステップはBtoBでも同じ

BtoBマーケティングにおける各部門の役割は、次のように分担するのが一般的です。受注確度が高まるまでのリードマネジメントをマーケティング部門が行い、受注確度が高まれば営業部門が商談で受注につなげ、受注後は営業部門とカスタマーサービス部門が共同で対応する、という形です。

それでは、リードマネジメントを実践する方法を見ていきましょう。これまでに解説したように、マーケティングではじめに行うのは「環境分析」です。リードマネジメントにおいても、まず既存顧客をHMLN分析して、顧客ニーズや商品の購入理由、購入のきっかけを把握し、3C分析やSWOT分析で競合や自社について理解を深めます。そして、ニーズが顕在化しているがまだ満たされていない顧客セグメント（需要＞供給）、あるいはこれからニーズが顕在化しそうな顧客セグメントを見つけ、見込み顧客（想定ターゲット）を定め、自社の提供価値やUSPを明確にしていきます。これがSTP策定でしたね。最初にやるべきことは、環境分析（HMLN分析、3C分析、SWOT分析）とSTP策定です。

⚪ リードジェネレーション

こうした一連の分析が完了したら、そのニーズをもった顧客が検索しそうなキーワードを購入してリスティング広告を掲載したり、ニーズを満たすコンテンツを自社のWebサイト内に掲載してSEOを強化したりします。ビジネスパーソンの情報収集もまずはWeb検索なので、Web広告への出稿から手をつけましょう。

ただしBtoBの場合は、商品の特徴を深く理解したい、他社事例から必要性を判断したいというニーズも大きく、これらWebマーケティング施策のみでは情報提供が不十分です。したがって自社セミナーの開催や展示会イベントへの出店など、より深い情報提供が可能な施策も検討します。たとえば自社のマーケティング機能を強化したいという見込み顧客がいた場合に、「いちばんやさしいBtoBマーケティングの基礎講座」や「BtoBマーケティングの成功事例と失敗事例を紹介」などのセミナーがあれば、興味や関心を持ってもらえるはずです。こうしたWebやセミナーなどのマーケティング施策を実行して見込み顧客（リード）を獲得するのがリードジェネレーションです。

> リード獲得時には、継続的にアプローチできるように会社名や部署名、メールアドレスなど、必要最低限の顧客情報を集めるようにしましょう。

Lesson 67

[リードマネジメントの実践②]

購入意欲を高める リードナーチャリング

このレッスンの
ポイント

獲得したリードに継続的にアプローチし、購入意欲を高めるマーケティング活動を「リードナーチャリング」といいます。強いナーチャリング組織をつくれるかどうかが、BtoBマーケティング成功のポイントです。

Chapter 8

BtoBマーケティングの実践

リードナーチャリングとは？

リードを獲得したからといってそれらリードがすぐに商談や受注に結びつくわけではありません。獲得したリードの実態は、あくまで情報収集の一環としてWebサイトやセミナーに訪れている「見ているだけ」顧客が大半なので、待っているだけ

では受注につながりません。そこで重要になるのがリードナーチャリング（リード育成）です。見込み顧客の検討を進めるために、「適切な情報を適切なタイミングで届ける」ことができれば、購入意欲を大きく高められます。

▶ ナーチャリングの専任チーム＝インサイドセールス 図表67-1

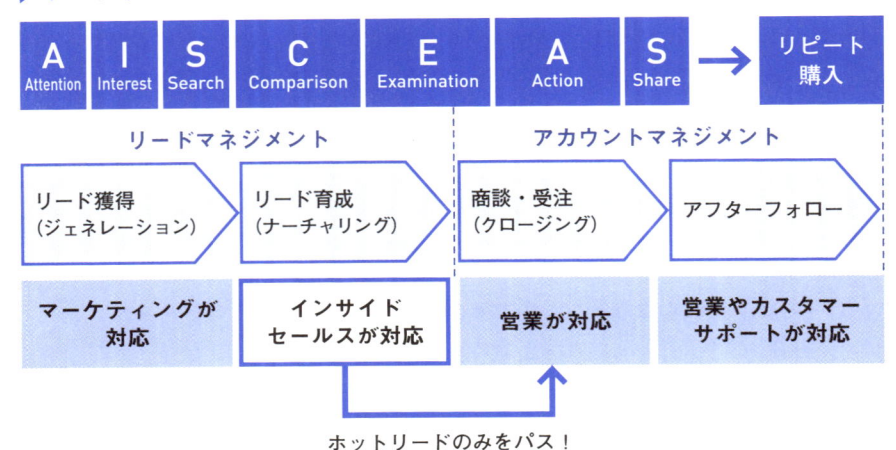

ホットリードのみをパス！

リード育成には、「インサイドセールス」というマーケティング部門と営業部門をつなぐチームの役割が重要となる

● ナーチャリングはインサイドセールスが鍵

リードナーチャリングの王道は電話やメルマガ、イベントの活用ですが、本気でナーチャリングを実行する場合は専任チームを構築しましょう。

BtoBマーケティングでは、マーケティングチームが積極的にリード獲得をして、獲得リードを営業部門にパスするものの、営業は既存顧客の対応で手一杯であり、見込み顧客のフォローまで手が回らない。その結果、獲得したリードが塩漬けされてしまうという問題があります。

マーケティングチームは「フォローしない営業部門が悪い」、営業部門は「受注確度の低いリードを獲得するマーケが悪い」とお互い内心で批判しあってしまうのですが、実はどちらも悪くありません。

営業部門が受注確度の高いリードを求めるのは当然ですし、マーケティングチームに受注確度の高いリード獲得だけを期待するのも酷な話です。問題は営業部門とマーケ部門をつなぐ「中間組織の不在」なのです。この中間組織がナーチャリング専任チームであり、インサイドセールス（いわゆる内勤営業）と呼ばれます（**図表67-1**）。インサイドセールスが獲得リードに対して継続的に顧客とのコミュニケーションをとって、受注確度が高まったリードのみを営業にパスをする、という役割を担うことで、「ジェネレーション→ナーチャリング→営業部門によるクロージング」というリードマネジメントが一気通貫でつながるようになります。

● 顧客情報を活用したナーチャリング

ナーチャリングの精度を高めるためには、見込み顧客の基本情報（所属している会社、部門、役職など）や自社との接点履歴（どのセミナーにいつ参加したか、Webサイト上でどのページをどのくらい見ていたか）などの豊富な顧客情報をもとにコミュニケーションを行う必要があります。

たとえば見込み顧客の情報として「営業企画部の課長で、BtoBのリードマネジメント成功事例セミナーに参加していて、1か月後にメルマガもクリックしていた」という情報がわかれば、受注確度が高まっていると考えられます。こうした受注確度が高そうなリード（「ホットリード」といいます）に対してはすぐに電話をし、営業との商談を設定するというナーチャリングは非常に効果的です。

> ナーチャリング成功の鍵は、顧客情報の活用とインサイドセールスチームの構築です。

68

オウンドメディアを開発する

このレッスンの
ポイント

実は、ナーチャリング施策のやり過ぎは逆効果です。適切な情報を適切なタイミングで届けるためには、顧客との一定の距離感が重要です。その点で、**オウンドメディア**は顧客との適切な距離感を保てる「ちょうどよいメディア」です。

⭕ オウンドメディアとは？

「オウンドメディア」とは自社が所有しているメディアのことで、企業Webサイトやブランドサイト、キャンペーンサイトなどを指します（**図表68-1**）。自社で管理するので、マーケティング戦略に沿って柔軟な情報発信が可能という企業側のメリットと、見込み顧客が自分のペースで情報収集できるという顧客側のメリットがあります。オウンドメディアが成功すれば見込み顧客が定期的に訪問してくれるため、リードマネジメントを強化したい企業が積極的に活用しています。

オウンドメディアの代表は企業Webサイトです。企業Webサイトには「見込み顧客だけでなくさまざまな関係者へ公式情報を届ける」という役割のほか、通常その会社のことを知りたい人が最初に訪れるページであるため、「会社の顔」としてブランドイメージの形成という大きな役割があります。逆にいえば、企業Webサイトの役割はこの2つに絞るべきで、個別具体的な商品情報や事例紹介を増やしすぎると、見込み顧客以外にはわかりにくいサイトになってしまいます。そこで、「リードマネジメントに特化したオウンドメディアの開発」が必要になるのです。

▶ **オウンドメディアの種類** 図表68-1

オウンドメディア	目的
企業サイト	さまざまなステークホルダーに対して、自社のビジョン、基本情報、企業活動などを認知させることが目的。会社の顔になるので企業ブランディングの一環も担う
ブランドサイト	ブランドに興味、関心がある人に対して、ブランドコンセプトや商品ベネフィットを詳しく伝えて購入意向を高めることが目的。ブランドの顔でもある
キャンペーンサイト	キャンペーン詳細を伝えたり、申し込みフォームなどの役割を果たすことが多いが、キャンペーン終了後にはクローズされる。CV獲得が主目的

オウンドメディアは企業自身が運用するメディアで、主にこの3つがある

● オウンドメディアの成功事例

リードマネジメントに特化したオウンドメディアを理解するためには、成功事例を見るのが参考になります。有名どころでは「サイボウズ式」や「WORK SIGHT」、「経営ハッカー」などがあります。これらはいずれも、企業Webサイトとは別に運営されているオウンドメディアです。オウンドメディアを成功させるポイントは、図表68-2 の3つが挙げられます。

オウンドメディアを運営するにあたっては、一度アクセスした顧客に「また来たい」と思わせることが重要です。そのため、顧客ニーズを満たすコンテンツをつくり続けなければなりません。質の高いコンテンツを提供し続けるためには、企画、編集、ライティング、コーディングなど、専門スキルをもった人材が必須ですが、一定の投資が必要となるため、経営的な判断が求められます。

図表68-2 のポイントを満たしてオウンドメディアを立ち上げると、高い確率でリードジェネレーションやナーチャリングに成功します。筆者がお手伝いしたオウンドメディアも立ち上げから3年で、広告費用をかけずに年間5,000件を超える見込み顧客獲得を実現しました。

● PDCAを回してオウンドメディアを育てる

オウンドメディアを運営する場合、意識しておかなければならない点があります。それはオウンドメディアを運営することがビジネスの目的ではないということです。オウンドメディアが目指すべきKGI（資料請求数、営業へのパス数、売り上げへの貢献金額など）やKPI（月間のPV数やUU数など）を設定し、効果測定の方法を事前に明確にして、PDCAをしっかりと回していきましょう。ちなみに「Web担当者Forum」「ferret」「Markezine」などのメディア事業者やWebマーケティング事業者であれば、Webサイト制作やSEO対策の依頼、広告収入獲得のようにメディアの成長がそのまま自社のビジネスに直結しやすいので、経営と現場が一体となったオウンドメディア運営が実現されやすいといえます。

▶ **オウンドメディア成功のポイント** 図表68-2

・見込み顧客とニーズが明確になっていること
・テーマが絞り込まれていること
・充実したチームになっていること

> オウンドメディアの企画も、マーケティング戦略立案の4ステップに沿って考えていくことが成功の近道です。

69

[リードマネジメントの実践④]

マーケティングオートメーションを実行する

このレッスンの
ポイント

リードマネジメントを自動化することを**マーケティングオートメーション**といいます。BtoBマーケティングのデジタル化＝マーケティングオートメーションであり、取り組む企業が増えているのでポイントを押さえておきましょう。

● マーケティングオートメーションとは？

マーケティングオートメーション（Marketing Automation＝MA）とは、企業のマーケティング活動において、人間が手作業で行っていた業務をシステムやツールを導入して自動化することです。

図表69-1 のように、MAは BtoBマーケティングでは「リードマネジメントの自動化」という意味合いで使われ、BtoCでは「既存顧客向けCRMの自動化」として使われることが多い言葉です。

▶ **CRMプロセス全体のデジタル化** 図表69-1

リードマネジメント　　　　　　　　　　アカウントマネジメント

リード獲得（ジェネレーション）	リード育成（ナーチャリング）	商談・受注（クロージング）	アフターフォロー
マーケティングが対応	インサイドセールスが対応	営業が対応	営業やカスタマーサポートが対応

狭義のマーケティングオートメーション（MA）

セールスフォースオートメーション（SFA）

CRM プロセス全体の自動化
＝真のマーケティングオートメーション

BtoBマーケティングにおいては、リードマネジメントを自動化することをマーケティングオートメーションといい、BtoCマーケティングにおいては、CRMプロセス全体の自動化を指す

● MAではデータの取得と統合がカギ

MAと聞くと、いきなりシステムやツールを導入したくなりますが、その前にやるべきは社内の顧客情報を集めることです。ジェネレーション段階ではリードの基本情報を集め、ナーチャリング段階では見込み顧客の行動情報、つまりさまざまなマーケティング施策への反応、参加情報を集めます。また営業部門がもっている名刺も貴重な顧客情報です。こうした社内に点在しているあらゆる顧客情報を集め、顧客データベースを構築することがMAの第一歩です。

顧客データベースを構築できたら、SalesforceやMarketoなどのMAツールの導入を検討しましょう。MAツールでできることの詳細は割愛しますが、代表的な機能として「顧客行動のスコアリング」と「メ

ールの自動配信」があります。たとえばメール開封は1点、Webからの資料請求は5点、セミナー参加は10点など、さまざまなマーケティング施策への反応を点数化（スコアリング）できます。スコアリングが完了すると、顧客1人1人が獲得したスコアを集計し、獲得スコアごとに顧客セグメントを作成。セグメントごとにマーケティング施策を実行していきます。たとえば合計5点獲得したらお知らせメールAを送る、合計30点を超えたら営業部門へホットリードとしてパスをする（営業部門へ自動メール）などです。ナーチャリング施策におけるメール配信業務の比重は大きいため、MAツールを導入することで業務効率の改善が期待されます。

● 最終的にはCRMと接続するのが理想

リードマネジメントは見込み顧客の獲得と育成が目的であり、ホットリードを営業部門へパスしたあとは営業部門へお任せという考え方です。現在のMAツールのほぼすべてが、リードマネジメントの自動化に特化しています。しかしあるべき姿としては、商談履歴や商談内容、受注内容、さらにはその後のアフターフォロ

一状況など、営業部門が取得している情報まで一気通貫で管理することです。つまり、レッスン50で解説したCRM領域との接続です。リードマネジメントとアカウントマネジメントがともに、CRMとして一気通貫で自動化されている状態が、真のマーケティングオートメーションだといえるでしょう。

> 自動化によって生まれた時間は、ニーズやインサイトの抽出、戦略立案など「人間の知性や創造性」が活きる業務に割り当てていきましょう。

ⓘ COLUMN

BtoB企業はマーケティングが嫌い？

BtoB企業はBtoC企業よりもマーケティングに力を入れていないのが現状です。売り上げを直接的につくるのは営業部門なので、経営的な判断として投資優先度が「営業＞マーケティング」になるのは当然かもしれません。しかし、営業部門は基本的に短期的な売上目標を追いかける組織であり、顕在化している目の前のニーズに集中せざるを得ません。向き合っている市場が成長市場ならばそれでもよいのですが、成熟市場においては短期的な売り上げのみを追いかけていたら、いずれ成長が止まります。新しい市場を生み出すためには、マーケティングへ投資をして、経営が中長期的な需要創造に意志をもつことが重要です。

レッスン10のアンゾフのマトリクスでも触れましたが、売上成長が鈍化すると多くの人は商品力に問題があると考え、商品開発を志向します。しかしまず考えるべきは既存顧客や休眠顧客のニーズの掘り起こしと、既存商品の提供価値がマッチする新しい顧客を探すことです。マーケティングによって新市場創造に本気で取り組めば、いくつかの新市場を創造することは必ずできます。そうやって新市場をつくりながら、並行して新商品開発・新規事業開発に取り組むという姿勢が重要です。新商品開発はどうしても時間がかかり、そして成功よりも失敗が多いのが現実です。

ヒット商品がすぐに生まれるにこしたことはないですが、数年はヒットが生まれないと割り切って、新市場創出のマーケティングに力を入れる BtoB 企業が増えることを願っています。

おわりに

大量生産・大量消費の時代は過ぎ、生活者は自分が本当にほしいモノ（商品やサービス）、コト（体験）、そして情報（コンテンツ）を求めています。しかし世の中は膨大な商品や情報であふれ、自分が本当にほしいモノを見つけ出すことがとても難しくなっています。むしろ、興味のない物事や情報に接する機会のほうが多いかもしれません。そんな時代だからこそ、顧客が本当に求めているモノを理解し、それを商品にし、求めている人にのみ届けていく、という仕組みをつくることは、ビジネスの成功確率を高めます。さらに、マーケティングが機能すれば企業は無駄な商品開発や広告宣伝を行わずに済み、生活者も不要な商品や情報の海に溺れずに、必要なモノのみを購入できます。そうすれば企業も生活者もいまより幸せになる、と私は考えています。その意味で、マーケティングは「生産活動と消費活動をともに最適化し、世の中の幸福を最大化すること」だといえます。マーケティングはモノを売る技術ではなく、「最適化する仕組みづくり」なのです。

本書ではマーケティングを実践するためのノウハウを、できるだけ網羅的に、わかりやすく伝えたつもりです。マーケティングは本書を読んですぐに成功するほど簡単ではありませんが、皆さんがマーケティングの考え方を深めていくきっかけになったならばとても嬉しく思います。そしてまずは、いまの顧客を正しく、深く理解することからはじめてください。顧客はもっと企業に理解されたがっています。顧客の立場になり、顧客を丸ごと理解してあげてほしいと思います。

本書は編集者の田淵豪様・平田葵様（いまは営業としてご活躍中です）、関係者の皆様の多大なご支援と信頼する妻の叱咤激励、そして生まれたての娘の笑顔があって、完成させることができました。なかなか筆が進まない時期を乗り越えられたのは、皆様のお陰です。本当にありがとうございました。そして最後に、本書を手にとってくださった読者の皆さまにも深くお礼を申し上げます。ありがとうございました。

2019年7月24日　Zoku Zoku Consulitng代表　中野崇

zokuzokuconsulting@gmail.com ※ご感想などぜひお寄せください

● スタッフリスト

カバー・本文デザイン	米倉英弘（細山田デザイン事務所）
カバー・本文イラスト	東海林巨樹
撮影協力	渡　徳博（株式会社ウィット）
校閲・校正協力	中野妙子・松本祥
DTP	町田有美・田中麻衣子
デザイン制作室	今津幸弘
	鈴木　薫
制作担当デスク	柏倉真理子
編集協力	平田　葵・徳田　悟
副編集長	田淵　豪
編集長	藤井貴志

本書のご感想をぜひお寄せください

https://book.impress.co.jp/books/1118101078

 読者登録サービス CLUB impress

アンケート回答者の中から、抽選で**商品券（1万円分）**や**図書カード（1,000円分）**などを毎月プレゼント。
当選は賞品の発送をもって代えさせていただきます。

■商品に関する問い合わせ先

インプレスブックスのお問い合わせフォームより入力してください。

https://book.impress.co.jp/info/

上記フォームがご利用頂けない場合のメールでの問い合わせ先

info@impress.co.jp

● 本書の内容に関するご質問は、お問い合わせフォーム、メールまたは封書にて書名・ISBN・お名前・電話番号と該当するページや具体的な質問内容、お使いの動作環境などを明記のうえ、お問い合わせください。

● 電話や FAX 等でのご質問には対応しておりません。なお、本書の範囲を超える質問に関しましてはお答えできませんのでご了承ください。

● インプレスブックス（https://book.impress.co.jp/）では、本書を含めインプレスの出版物に関するサポート情報などを提供しておりますのでそちらもご覧ください。

■落丁・乱丁本などの問い合わせ先

TEL 03-6837-5016

FAX 03-6837-5023

service@impress.co.jp

（受付時間／ 10:00-12:00、13:00-17:30 土日、祝祭日を除く）

● 古書店で購入されたものについてはお取り替えできません。

■書店／販売店の窓口

株式会社インプレス 受注センター

TEL 048-449-8040

FAX 048-449-8041

株式会社インプレス 出版営業部

TEL 03-6837-4635

いちばんやさしいマーケティングの教本

人気講師が教える顧客視点マーケの基本と実践

2019 年 8 月 21 日　初版発行

著　者　　中野 崇

発行人　　小川 亨

編集人　　高橋隆志

発行所　　株式会社インプレス

　　　　　〒 101-0051 東京都千代田区神田神保町一丁目 105 番地

　　　　　ホームページ https://book.impress.co.jp/

印刷所　　音羽印刷株式会社

本書は著作権法上の保護を受けています。本書の一部あるいは全部について（ソフトウェア及びプログラムを含む）、株式会社インプレスから文書による許諾を得ずに、いかなる方法においても無断で複写、複製することは禁じられています。

Copyright © 2019 Zoku Zoku Consulting. All rights reserved.

ISBN 978-4-295-00634-3 C0034

Printed in Japan